Sallust | De coniuratione Catilinae

Gaius Sallustius Crispus
De coniuratione Catilinae
Die Verschwörung des Catilina

Lateinisch / Deutsch

Herausgegeben von Michael Mohr

Reclam

RECLAMS UNIVERSAL-BIBLIOTHEK Nr. 14170
2021 Philipp Reclam jun. Verlag GmbH,
Siemensstraße 32, 71254 Ditzingen
info@reclam.de
Gestaltung: Cornelia Feyll, Friedrich Forssman
Druck und Bindung: Elanders Waiblingen GmbH,
Anton-Schmidt-Straße 15, 71332 Waiblingen
Printed in Germany 2026
RECLAM, UNIVERSAL-BIBLIOTHEK und
RECLAMS UNIVERSAL-BIBLIOTHEK sind eingetragene Marken
der Philipp Reclam jun. GmbH & Co. KG, Stuttgart
ISBN 978-3-15-014170-0
reclam.de

De coniuratione Catilinae
Die Verschwörung des Catilina

1 (1) Omneis homines, qui sese student praestare ceteris animalibus, summa ope niti decet, ne vitam silentio transeant veluti pecora, quae natura prona atque ventri oboedientia finxit. (2) Sed nostra omnis vis in animo et corpore sita est: animi imperio, corporis servitio magis utimur; alterum nobis cum dis, alterum cum beluis commune est. (3) Quo mihi rectius videtur ingeni quam virium opibus gloriam quaerere et, quoniam vita ipsa qua fruimur brevis est, memoriam nostri quam maxume longam efficere. (4) Nam divitiarum et formae gloria fluxa atque fragilis est, virtus clara aeternaque habetur.

(5) Sed diu magnum inter mortalis certamen fuit, vine corporis an virtute animi res militaris magis procederet. (6) Nam et prius quam incipias consulto, et ubi consulueris mature facto opus est. (7) Ita utrumque per se indigens alterum alterius auxilio eget.

2 (1) Igitur initio reges – nam in terris nomen imperi id primum fuit – divorsi pars ingenium, alii corpus exercebant: Etiam tum vita hominum sine cupiditate agitabatur; sua quoique satis placebant. (2) Postea vero quam in Asia Cyrus, in Graecia Lacedaemonii et Athenienses coepere urbis atque nationes subigere, lubidinem dominandi causam belli habere, maxumam gloriam in maxumo imperio puta-

1 (1) Alle Menschen, die sich darum bemühen, die anderen Lebewesen zu übertreffen, müssen sich mit aller Macht anstrengen, damit sie ihr Leben nicht in untätigem Schweigen verbringen wie das Vieh, das die Natur zur Erde gebeugt und seinem Bauch gehorchend geschaffen hat. (2) Unsere gesamte Kraft beruht aber auf Geist und Körper: Der Geist regiert, der Körper dient uns, das eine haben wir mit den Göttern, das andere mit den Tieren gemeinsam. (3) Umso naturgemäßer erscheint es mir, mehr mit den Kräften des Geistes als mit denen des Körpers nach Ruhm zu streben und, weil nun einmal das Leben, das wir genießen, kurz ist, ein möglichst langes Andenken an uns zu schaffen. (4) Denn der Ruhm von Reichtum und Schönheit ist flüchtig und zerbrechlich, die Tatkraft gilt als ein glänzender und unvergänglicher Besitz.

(5) Allerdings gab es lange zwischen den Menschen einen heftigen Streit, ob das Kriegswesen durch Körperkraft oder durch die Stärke des Geistes gefördert werde. (6) Denn bevor man etwas beginnt, ist Überlegung notwendig, und sobald die Überlegung abgeschlossen ist, rasches Handeln. (7) So ist beides für sich genommen nicht ausreichend, und das eine bedarf der Hilfe des anderen.

2 (1) Anfangs also übten die Könige – denn dies war die erste Herrschaftsbezeichnung auf Erden[1] – völlig unterschiedlich teils ihren Geist, teils ihren Körper: Damals führten die Menschen noch ein Leben ohne Begierde; jeder war mit dem zufrieden, was ihm gehörte. (2) Später aber, als in Asien Kyros, in Griechenland die Spartaner und Athener begannen, Städte und Völker zu unterwerfen, Herrschsucht als ausreichenden Kriegsgrund zu betrachten und zu glauben, der größte Ruhm liege in der größten Aus-

re, tum demum periculo atque negotiis conpertum est in bello plurumum ingenium posse. (3) Quod si regum atque imperatorum animi virtus in pace ita ut in bello valeret, aequabilius atque constantius sese res humanae haberent, neque aliud alio ferri neque mutari ac misceri omnia cerneres. (4) Nam imperium facile iis artibus retinetur, quibus initio partum est. (5) Verum ubi pro labore desidia, pro continentia et aequitate lubido atque superbia invasere, fortuna simul cum moribus inmutatur. (6) Ita imperium semper ad optumum quemque a minus bono transfertur.

(7) Quae homines arant navigant aedificant, virtuti omnia parent. (8) Sed multi mortales, dediti ventri atque somno, indocti incultique vitam sicuti peregrinantes transiere; quibus profecto contra naturam corpus voluptati, anima oneri fuit. Eorum ego vitam mortemque iuxta aestumo, quoniam de utraque siletur. (9) Verum enim vero is demum mihi vivere atque frui anima videtur, qui aliquo negotio intentus praeclari facinoris aut artis bonae famam quaerit.

Sed in magna copia rerum aliud alii natura iter ostendit.
3 (1) Pulchrum est bene facere rei publicae, etiam bene dicere haud absurdum est; vel pace vel bello clarum fieri licet; et

dehnung der Herrschaft, da erst lernte man aus den riskanten Unternehmungen, dass im Krieg der Geist größten Einfluss habe. (3) Wenn aber die Geisteskraft der Könige und Machthaber im Frieden genauso stark wäre wie im Krieg, wären die Verhältnisse unter den Menschen gleichmäßiger und beständiger, und man sähe nicht ständig Umwälzungen, Veränderungen und Anarchie. (4) Denn eine Herrschaft lässt sich leicht mit den Mitteln behaupten, mit denen sie anfangs errungen wurde. (5) Wo aber anstelle von Anstrengung Untätigkeit, anstelle von Selbstbeherrschung und Gerechtigkeit Genusssucht und Überheblichkeit Einzug halten, da verändert sich das Schicksal zugleich mit dem Lebenswandel. (6) So geht die Herrschaft immer von einem weniger Tüchtigen auf den jeweils Besten über.

(7) Alle Leistungen der Menschen in der Feldarbeit, der Seefahrt und der Architektur sind ein Ergebnis ihrer Tüchtigkeit. (8) Viele Menschen haben aber, dem Bauch und dem Schlaf unterworfen, ihr Leben ohne Bildung und Erziehung verbracht wie Fremdlinge; diesen dient der Körper wirklich entgegen ihrer natürlichen Anlage zum Lustgewinn, die Seele ist ihnen eine Last. Deren Leben und Tod hat in meinen Augen den gleichen Wert, weil man über beides schweigt. (9) Im Gegenteil, der scheint mir erst richtig zu leben und sein geistiges Dasein zu genießen, der, in eine Aufgabe eingespannt, für sich die Berühmtheit einer ausgezeichneten Tat oder einer edlen Kunst sucht.

Bei den vielfältigen Möglichkeiten der Beschäftigung zeigt die Natur jedem seinen eigenen Weg. **3** (1) Rühmlich ist es, dem Staat gute Dienste zu leisten. Auch ist es nicht übel, ein guter Redner zu sein; im Krieg oder im Frieden kann man berühmt werden; sowohl die, die Taten voll-

qui fecere et qui facta aliorum scripsere, multi laudantur. (2) Ac mihi quidem, tametsi haudquaquam par gloria sequitur scriptorem et auctorem rerum, tamen in primis arduom videtur res gestas scribere: Primum quod facta dictis exequenda sunt; dein quia plerique quae delicta reprehenderis malevolentia et invidia dicta putant, ubi de magna virtute atque gloria bonorum memores, quae sibi quisque facilia factu putat, aequo animo accipit, supra ea veluti ficta pro falsis ducit.

(3) Sed ego adulescentulus initio, sicuti plerique, studio ad rem publicam latus sum, ibique mihi multa advorsa fuere. Nam pro pudore, pro abstinentia, pro virtute audacia largitio avaritia vigebant. (4) Quae tametsi animus aspernabatur insolens malarum artium, tamen inter tanta vitia inbecilla aetas ambitione conrupta tenebatur; (5) ac me, quom ab relicuorum malis moribus dissentirem, nihilo minus honoris cupido eadem quae ceteros fama atque invidia vexabat.

4 (1) Igitur ubi animus ex multis miseriis atque periculis requievit et mihi relicuam aetatem a re publica procul habendam decrevi, non fuit consilium socordia atque desidia bonum otium conterere, neque vero agrum colundo aut ve-

bringen, als auch die, die Taten anderer beschreiben, ernten Ruhm. (2) Auch wenn den Geschichtsschreiber keineswegs der gleiche Ruhm begleitet wie den Vollbringer von Taten, so scheint mir jedenfalls die Geschichtsschreibung doch eine besonders schwierige Sache zu sein: zum einen weil die Aussagen den Taten entsprechen sollen; zum anderen weil die meisten glauben, dass man die Fehler, die man tadelt, aus Missgunst und Neid erwähnt hat. Sobald man aber an die große Tüchtigkeit und den Ruhm großer Männer erinnert, nehmen sie gleichmütig auf, was jeder leicht machen zu können glaubt; was darüber hinausgeht, halten sie wie Dichtung für unwahr.

(3) Was mich nun selbst betrifft, so bin ich in ganz jungen Jahren anfangs, so wie die meisten, durch innere Neigung in die Politik getrieben worden, dort aber war mir vieles widerwärtig. Denn anstelle von Anstand, Uneigennützigkeit und Tüchtigkeit herrschten Frechheit, Bestechung und Raffgier. (4) Auch wenn mein Verstand diese Dinge verabscheute, da mir solche schlechten Eigenschaften fremd waren, so wurde dennoch meine wehrlose Jugend durch den Ehrgeiz verdorben und mitten unter so schlimmen Fehlern festgehalten; (5) und obwohl ich nicht den schlechten Lebenswandel der anderen übernahm, so quälte mich dessen ungeachtet die Gier nach Ehre mit demselben öffentlichen Gerede und demselben Neid wie die anderen.

4 (1) Sobald ich also nach vielen Leiden und Gefahren zur inneren Ruhe gekommen war und mich entschlossen hatte, den Rest meines Lebens fern von der Politik zu verbringen, geschah das nicht mit der Absicht, die schöne freie Zeit in stumpfsinniger Untätigkeit zu vergeuden und auch nicht mit Sklaventätigkeiten wie Ackerbau oder Jagd beschäftigt

nando, servilibus officiis, intentum aetatem agere; (2) sed a quo incepto studioque me ambitio mala detinuerat, eodem regressus statui res gestas populi Romani carptim, ut quaeque memoria digna videbantur, perscribere, eo magis quod mihi a spe, metu, partibus rei publicae animus liber erat.

(3) Igitur de Catilinae coniuratione quam verissume potero paucis absolvam; (4) nam id facinus in primis ego memorabile existumo sceleris atque periculi novitate. (5) De quoius hominis moribus pauca prius explananda sunt, quam initium narrandi faciam.

5 (1) L. Catilina, nobili genere natus, fuit magna vi et animi et corporis, sed ingenio malo pravoque. (2) Huic ab adulescentia bella intestina, caedes, rapinae, discordia civilis grata fuere, ibique iuventutem suam exercuit. (3) Corpus patiens inediae, algoris, vigiliae supra quam quoiquam credibile est. (4) Animus audax, subdolus, varius, quoius rei lubet simulator ac dissimulator, alieni adpetens, sui profusus, ardens in cupiditatibus; satis eloquentiae, sapientiae parum. (5) Vastus animus inmoderata, incredibilia, nimis alta semper cupiebat. (6) Hunc post dominationem L. Sullae lubido maxuma invaserat rei publicae capiundae; neque id quibus modis adsequeretur, dum sibi regnum pararet,

meinen Lebensabend zu verbringen, (2) sondern ich kehrte zu meinen früheren Studien zurück, von denen mich mein schlimmer Ehrgeiz abgebracht hatte, und ich beschloss, die Geschichte des römischen Volkes in Auswahl zu verfassen, so wie mir das eine oder andere überlieferns-wert erschien. Und das umso mehr, als ich mich innerlich frei von Hoffnung, Furcht und Parteilichkeit fühlte.

(3) Und so möchte ich denn kurz über die Verschwörung des Catilina so wahrheitsgetreu wie möglich berichten. (4) Denn diese Tat erscheint mir besonders denkwürdig, da es sich um ein ungewöhnliches Verbrechen und eine ungewöhnliche Gefahr handelte. (5) Ehe ich mit meiner Abhandlung beginne, muss ich kurz über den Charakter dieses Mannes Aufschluss geben.

5 (1) Lucius Catilina entstammte dem Adel. Er besaß große Geistes- und Körperkraft, hatte aber einen schlechten und verkehrten Charakter. (2) Von Jugend an hatte er seine Freude an Bürgerkriegen, an Mord, Raub und Streit unter den Bürgern,[2] und darin übte er sich in seiner Jugend. (3) Sein Körper konnte Hunger, Kälte und Schlaflosigkeit bis zu einem unglaublichen Maß ertragen. (4) Sein Geist war frech, hinterhältig und launisch, er war in jeder Beziehung ein Meister der Heuchelei und der Verstellung. Er war begierig auf fremdes Hab und Gut, verschwenderisch mit seinem Eigentum und heftig in seinen Gelüsten. Er besaß genügend rhetorische Fertigkeiten, an Fähigkeit zur Einsicht aber zu wenig. (5) Sein unersättlicher Geist wünschte ständig das Maßlose, Unglaubliche und Unerreichbare. (6) Seit der Gewaltherrschaft des Lucius Sulla hatte ihn die gewaltige Gier danach befallen, die Macht im Staat an sich zu reißen; und um die Mittel, dieses Ziel zu erreichen,

quicquam pensi habebat. (7) Agitabatur magis magisque in dies animus ferox inopia rei familiaris et conscientia scelerum, quae utraque iis artibus auxerat, quas supra memoravi. (8) Incitabant praeterea conrupti civitatis mores, quos pessuma ac divorsa inter se mala, luxuria atque avaritia, vexabant.

(9) Res ipsa hortari videtur, quoniam de moribus civitatis tempus admonuit, supra repetere ac paucis instituta maiorum domi militiaeque, quo modo rem publicam habuerint quantamque reliquerint, ut paulatim inmutata ex pulcherruma ⟨atque optuma⟩ pessuma ac flagitiosissuma facta sit, disserere.

6 (1) Urbem Romam, sicuti ego accepi, condidere atque habuere initio Troiani, qui Aenea duce profugi sedibus incertis vagabantur, et cum his Aborigines, genus hominum agreste, sine legibus, sine imperio, liberum atque solutum. (2) Hi postquam in una moenia convenere, dispari genere, dissimili lingua, alius alio more viventes, incredibile memoratu est quam facile coaluerint: ⟨ita brevi multitudo divorsa atque vaga concordia civitas facta erat⟩. (3) Sed postquam res eorum civibus, moribus, agris aucta satis prospera

machte er sich kein schlechtes Gewissen, solange er sich nur die Herrschaft erwerben könnte. (7) Sein wild gewordener Geist wurde von Tag zu Tag immer mehr getrieben durch seine Geldnot und durch das Bewusstsein seiner Verbrechen. Beides hatte er durch seine oben genannten Eigenschaften noch gesteigert. (8) Außerdem spornte ihn der schlechte moralische Zustand der Bürger an, der von den zwei schlimmsten, einander entgegengesetzten Übeln, der Verschwendung und der Raffgier, geplagt war.

(9) Weil mich dieser Moment an den moralischen Zustand der Bürger erinnert, scheint mich das Thema selbst dazu aufzufordern, in die Vorzeit zurückzugehen und in wenigen Worten die Einrichtungen unserer Vorfahren in Krieg und Frieden vorzustellen, in welcher Weise sie den Staat verwalteten und in welcher Größe sie ihn zurückließen, wie er allmählich umgewandelt wurde und aus dem Schönsten ⟨und Besten⟩ der Schlimmste und Niederträchtigste wurde.

6 (1) Die Stadt Rom haben, wie ich gelernt habe, die Trojaner gegründet und anfangs verwaltet, die unter Führung des Aeneas als Flüchtlinge ohne festen Wohnsitz umherzogen, und mit ihnen die Aborigines, ein roher Menschenschlag ohne Gesetzgebung, ohne feste Regierung, frei und ungebunden. (2) Es ist unglaublich, wie leicht diese Menschen trotz ihrer Unterschiede in Abstammung, Sprache und Lebensweise verschmolzen, nachdem sie in einer Stadt zusammengekommen waren. ⟨So wurde in kurzer Zeit eine inhomogene, unruhige Menge durch gegenseitiges Einverständnis zu einer staatlichen Gemeinschaft.⟩ (3) Als aber ihr Gemeinwesen an Einwohnerzahl, Sitten und Gebiet wuchs und wohlhabend genug und mächtig genug

satisque pollens videbatur, sicuti pleraque mortalium habentur, invidia ex opulentia orta est. (4) Igitur reges populique finitumi bello temptare, pauci ex amicis auxilio esse: nam ceteri metu perculsi a periculis aberant. (5) At Romani domi militiaeque intenti festinare, parare, alius alium hortari, hostibus obviam ire, libertatem patriam parentisque armis tegere. Post ubi pericula virtute propulerant, sociis atque amicis auxilia portabant, magisque dandis quam accipiundis beneficiis amicitias parabant. (6) Imperium legitumum, nomen imperi regium habebant. Delecti, quibus corpus annis infirmum, ingenium sapientia validum erat, rei publicae consultabant: Hi vel aetate vel curae similitudine patres appellabantur. (7) Post ubi regium imperium, quod initio conservandae libertatis atque augendae rei publicae fuerat, in superbiam dominationemque se convortit, inmutato more annua imperia binosque imperatores sibi fecere: Eo modo minume posse putabant per licentiam insolescere animum humanum.

7 (1) Sed ea tempestate coepere se quisque magis extollere magisque ingenium in promptu habere. (2) Nam regibus boni quam mali suspectiores sunt, semperque iis aliena virtus formidulosa est. (3) Sed civitas incredibile memora-

erschien, entstand, wie es sehr oft unter den Menschen vorkommt, aus dem Wohlstand Neid untereinander. (4) Daher griffen benachbarte Könige und Völker sie militärisch an, wenige von den Freunden standen ihnen bei. Denn die übrigen mieden von Furcht gelähmt die Gefahren. (5) Aber die Römer, wachsam in Krieg und Frieden, trafen schnelle Maßnahmen, rüsteten auf, feuerten sich gegenseitig an, stellten sich den Feinden entgegen und schützten mit ihren Waffen Freiheit, Heimat und Vorfahren. Sobald sie die Gefahren durch ihre Tatkraft abgewehrt hatten, brachten sie den Verbündeten und Freunden Hilfe und verschafften sich freundschaftliche Beziehungen, indem sie öfter Beistand leisteten als annahmen. (6) Sie hatten eine gesetzlich geregelte Herrschaftsform, als Bezeichnung dafür die Königsherrschaft. Auserwählte Männer, deren Körper durch ihr Alter schwach, deren Verstand aber durch ihre Weisheit stark war, berieten das Gemeinwesen: Diese wurden Väter genannt, weil sie solchen im Alter oder in ihrer Fürsorge ähnelten. (7) Als jedoch das Königtum, das zunächst dem Erhalt der Freiheit und der Vergrößerung des Staates gedient hatte, sich in Arroganz und Tyrannei verwandelt hatte, änderten sie ihre Verfassung und schufen sich eine jährlich wechselnde Regierung mit je zwei Machthabern. Auf diese Weise, so glaubten sie, könnte der menschliche Geist am wenigsten durch Schrankenlosigkeit überheblich werden.

7 (1) Zu dieser Zeit nun begann jeder Einzelne, nach Höherem zu streben und seine Begabung öffentlich zu zeigen. (2) Denn Königen sind tüchtige Männer verdächtiger als schlechte, und ihnen flößt Talent bei anderen immer Furcht ein. (3) Es klingt unglaublich, zu welcher Größe der Staat

tu est adepta libertate quantum brevi creverit: Tanta cupido gloriae incesserat. (4) Iam primum iuventus, simul ac belli patiens erat, in castris per laborem usum militiae discebat, magisque in decoris armis et militaribus equis quam in scortis atque conviviis lubidinem habebant. (5) Igitur talibus viris non labor insolitus, non locus ullus asper aut arduos erat, non armatus hostis formidulosus: Virtus omnia domuerat. (6) Sed gloriae maxumum certamen inter ipsos erat: Se quisque hostem ferire, murum ascendere, conspici, dum tale facinus faceret, properabat. Eas divitias, eam bonam famam magnamque nobilitatem putabant. Laudis avidi, pecuniae liberales erant; gloriam ingentem, divitias honestas volebant. (7) Memorare possum, quibus in locis maxumas hostium copias populus Romanus parva manu fuderit, quas urbis natura munitas pugnando ceperit, ni ea res longius nos ab incepto traheret.

8 (1) Sed profecto fortuna in omni re dominatur; ea res cunctas ex lubidine magis quam ex vero celebrat obscuratque. (2) Atheniensium res gestae, sicuti ego aestumo, satis amplae magnificaeque fuere, verum aliquanto minores tamen quam fama feruntur. (3) Sed quia provenere ibi scriptorum magna ingenia, per terrarum orbem Atheniensium facta pro maxumis celebrantur. (4) Ita eorum qui fecere virtus tanta habetur, quantum eam verbis potuere extollere

nach dem Gewinn der Freiheit in kurzer Zeit wuchs: Ein so großes Verlangen nach Ruhm war eingekehrt. (4) Schon die Jugend, sobald sie kriegstüchtig war, lernte durch Strapazen im Feldlager die Praxis des Krieges und hatte mehr Freude an glänzenden Waffen und Kriegspferden als an Huren und Besäufnissen. (5) Solchen Männern also war keine Strapaze ungewohnt, kein Ort unwegsam oder zu steil, kein Feind in Waffen furchterregend: Die Tapferkeit hatte alles unterworfen. (6) Die heftigste Konkurrenz aber, nämlich die nach Ruhm, fand unter ihnen selbst statt. Jeder beeilte sich, einen Feind eigenhändig zu töten, auf eine Stadtmauer zu steigen, die Blicke auf sich zu ziehen, während er eine solche Tat ausführte. Dieses hielten sie für Reichtum, das für einen guten Ruf und hohen Adel. Nach Lob waren sie gierig, mit ihrem Geld großzügig; sie wollten außerordentlichen Ruhm und ehrliches Vermögen. (7) Ich könnte Orte angeben, an denen das römische Volk gewaltige Truppen der Feinde mit einer kleinen Abteilung in die Flucht schlug, und durch die Natur gesicherte Städte, die es im Kampf eingenommen hat, wenn mich dies nicht allzu weit von meinem Vorhaben abbringen würde.

8 (1) Aber auf alle Fälle herrscht in allem der Zufall. Dieser macht alle Dinge eher willkürlich als ihrem wahren Wert entsprechend berühmt oder stellt sie in den Schatten. (2) Die Taten der Athener, so wie ich sie einschätze, waren recht bedeutend und großartig, aber doch weit geringer, als man in der öffentlichen Meinung behauptet. (3) Aber weil dort große Schriftstellergenies aufgetreten sind, werden die Taten der Athener als die größten auf der Welt gefeiert. (4) So wird die Fähigkeit derer, die Taten vollbracht haben, gerade so hoch eingeschätzt, wie ausgezeichnete Talente

praeclara ingenia. (5) At populo Romano numquam ea copia fuit, quia prudentissumus quisque maxume negotiosus erat, ingenium nemo sine corpore exercebat, optumus quisque facere quam dicere, sua ab aliis bene facta laudari quam ipse aliorum narrare malebat.

9 (1) Igitur domi militiaeque boni mores colebantur; concordia maxuma, minuma avaritia erat; ius bonumque apud eos non legibus magis quam natura valebat. (2) Iurgia, discordias, simultates cum hostibus exercebant, cives cum civibus de virtute certabant. In suppliciis deorum magnifici, domi parci, in amicos fideles erant. (3) Duabus his artibus, audacia in bello, ubi pax evenerat aequitate, seque remque publicam curabant. (4) Quarum rerum ego maxuma documenta haec habeo, quod in bello saepius vindicatum est in eos, qui contra imperium in hostem pugnaverant quique tardius revocati proelio excesserant, quam qui signa relinquere aut pulsi loco cedere ausi erant; (5) in pace vero quod beneficiis magis quam metu imperium agitabant et accepta iniuria ignoscere quam persequi malebant.

10 (1) Sed ubi labore atque iustitia res publica crevit, reges

diese herauszustreichen vermochten. (5) Das römische Volk hatte dagegen niemals die Gelegenheit dazu, weil nämlich die besten Köpfe am stärksten beschäftigt waren und niemand seine Anlagen ohne den Körper trainierte; gerade die Besten wollten lieber handeln als reden und lieber andere ihre eigenen guten Taten loben lassen als selbst die anderer erzählen.

9 (1) Also pflegte man in Friedens- und Kriegszeiten eine moralische Lebensführung. Die Eintracht war sehr groß, die Raffgier sehr gering. Das Recht und das Gute hatten bei ihnen durch gesetzliche Regelung keine größere Verbindlichkeit als durch ihren natürlichen Rechtssinn. (2) Streitereien, Zwistigkeiten und Rivalitäten unterhielten sie mit ihren Feinden. Die Bürger untereinander konkurrierten in der Tapferkeit. Sie waren prachtliebend bei ihren Opfern für die Götter, zu Hause sparsam und treu gegenüber ihren Freunden. (3) Mit diesen zwei Eigenschaften, Mut im Krieg und Gerechtigkeit, wenn der Friede eingekehrt war, sorgten sie für sich und den Staat. (4) Für diese Tatsachen besitze ich als sicherste Beweise Folgendes: dass im Krieg häufiger gegen Leute eingeschritten wurde, die befehlswidrig gegen den Feind gekämpft hatten,[3] und gegen solche, die auf das Zeichen zum Rückzug hin allzu zögernd den Kampfplatz geräumt hatten, als gegen Leute, die es gewagt hatten, ihre Fahnen zu verlassen oder geschlagen ihre Stellung zu verlassen; (5) dass sie aber im Frieden ihre Herrschaft mehr durch Hilfeleistungen als durch Einschüchterung ausübten und es vorzogen, erlittenes Unrecht zu verzeihen statt zu bestrafen.

10 (1) Als aber durch Anstrengung und Gerechtigkeit der Staat gewachsen war, mächtige Könige im Krieg bezwun-

magni bello domiti, nationes ferae et populi ingentes vi subacti, Carthago aemula imperi Romani ab stirpe interiit, cuncta maria terraeque patebant, saevire fortuna ac miscere omnia coepit. (2) Qui labores, pericula, dubias atque asperas res facile toleraverant, iis otium divitiaeque, optanda alias, oneri miseriaeque fuere. (3) Igitur primo pecuniae, deinde imperi cupido crevit: ea quasi materies omnium malorum fuere. (4) Namque avaritia fidem, probitatem, ceterasque artis bonas subvortit; pro his superbiam, crudelitatem, deos neglegere, omnia venalia habere edocuit. (5) Ambitio multos mortalis falsos fieri subegit, aliud clausum in pectore, aliud in lingua promptum habere, amicitias inimicitiasque non ex re, sed ex commodo aestumare, magisque voltum quam ingenium bonum habere. (6) Haec primo paulatim crescere, interdum vindicari; post ubi contagio quasi pestilentia invasit, civitas inmutata, imperium ex iustissumo atque optumo crudele intolerandumque factum.

11 (1) Sed primo magis ambitio quam avaritia animos hominum exercebat, quod tamen vitium propius virtutem erat. (2) Nam gloriam, honorem, imperium bonus et ignavos aeque sibi exoptant; sed ille vera via nititur, huic quia bonae artes desunt, dolis atque fallaciis contendit. (3) Ava-

gen, wilde Volksstämme und riesige Völkerschaften mit Gewalt unterworfen waren, als Karthago, die Rivalin des römischen Reiches, von Grund auf zerstört war und Länder und Meere offenstanden, begann das Schicksal zu wüten und alles ins Chaos zu stürzen. (2) Für die Männer, die Strapazen, Gefahren und unsichere und schwierige Lagen leicht ertragen hatten, waren die Ruhe und der Reichtum (sonst wünschenswerte Dinge) belastend und leidvoll. (3) Zunächst wuchs deshalb die Gier nach Geld, dann die nach Macht. Diese Gier war gleichsam der Rohstoff allen Übels. (4) Denn die Raffgier zerstört das Vertrauen, die Redlichkeit und die anderen guten Eigenschaften; stattdessen lehrt sie Arroganz, Grausamkeit, Verachtung der Götter und die Ansicht, dass alles käuflich ist. (5) Der Ehrgeiz aber verführt viele Menschen zur Heuchelei, nämlich das eine in seinem Herzen zu verschließen und etwas anderes auf der Zunge zu führen, Freundschaften und Feindschaften nicht nach der Sache, sondern nach dem Vorteil einzuschätzen und mehr eine freundliche Miene als einen guten Charakter zu haben. (6) Dies wuchs zunächst allmählich, manchmal wurde es bestraft. Sobald aber der schlechte Einfluss wie eine Seuche eingedrungen war, veränderte sich der Staat, und die Herrschaft wurde aus einer äußerst gerechten und guten zu einer grausamen und unerträglichen.

11 (1) Zunächst aber beherrschte mehr der Ehrgeiz als die Raffgier die Menschen, weil dieser zwar ein Fehler ist, aber der Tüchtigkeit näher liegt. (2) Denn Ruhm, Ehre und Macht wünschen sich der Tüchtige und der Faulenzer gleichermaßen. Aber der eine bemüht sich auf dem richtigen Wege, weil dem anderen aber die guten Eigenschaften fehlen, kämpft er mit List und Tücke. (3) Die Raffgier schließt

ritia pecuniae studium habet, quam nemo sapiens concupivit: Ea quasi venenis malis inbuta corpus animumque virilem effeminat, semper infinita ⟨et⟩ insatiabilis est, neque copia neque inopia minuitur. (4) Sed postquam L. Sulla armis recepta re publica bonis initiis malos eventus habuit, rapere omnes, trahere, domum alius, alius agros cupere, neque modum neque modestiam victores habere, foeda crudeliaque in civis facinora facere. (5) Huc adcedebat, quod L. Sulla exercitum, quem in Asia ductaverat, quo sibi fidum faceret, contra morem maiorum luxuriose nimisque liberaliter habuerat. Loca amoena, voluptaria facile in otio ferocis militum animos molliverant: (6) Ibi primum insuevit exercitus populi Romani amare potare, signa, tabulas pictas, vasa caelata mirari, ea privatim et publice rapere, delubra spoliare, sacra profanaque omnia polluere. (7) Igitur ii milites, postquam victoriam adepti sunt, nihil relicui victis fecere. (8) Quippe secundae res sapientium animos fatigant: Ne illi conruptis moribus victoriae temperarent.

12 (1) Postquam divitiae honori esse coepere et eas gloria, imperium, potentia sequebatur, hebescere virtus, paupertas probro haberi, innocentia pro malevolentia duci coepit.

das Streben nach Geld mit ein, wonach kein Weiser den Wunsch hat. Sie schwächt wie mit bösen Giften getränkt den Körper und den Verstand eines Mannes, sie ist immer maßlos ⟨und⟩ unersättlich und lässt sich weder durch Reichtum noch durch Armut vermindern. (4) Aber nachdem Lucius Sulla die Staatsführung mit Waffengewalt an sich gerissen hatte und trotz guter anfänglicher Bemühungen in jener schlimmen Anarchie endete, da raubte und raffte alle Welt, der eine wünschte ein Haus, der andere Ackerland, die Sieger besaßen weder Maß noch Mäßigung und verübten scheußliche und grausame Taten gegen ihre Mitbürger. (5) Dazu kam, dass Lucius Sulla das Heer, das er in Asien kommandiert hatte, gegen den Brauch der Vorfahren verschwenderisch und allzu großzügig geführt hatte, um es sich treu ergeben zu machen. Schöne und Vergnügen versprechende Gegenden hatten die kriegerischen Soldaten in ihrer Freizeit verweichlicht:[4] (6) Dort gewöhnte sich das römische Heer zum ersten Mal daran, zu huren und zu saufen, Statuen, Gemälde und Gefäße mit Ziselierarbeiten zu bewundern, diese für den Privatbedarf und für den Staat zu rauben, Heiligtümer zu plündern und alles Heilige und Weltliche zu beschmutzen. (7) So ließen diese Soldaten, hatten sie erst den Sieg errungen, den Besiegten nichts übrig. (8) Da das Glück ja schon den Verstand von weisen Männern erschlaffen lässt, konnten sich diese Männer mit ihrem verdorbenen Charakter im Sieg erst recht nicht mäßigen.

12 (1) Nachdem es dahin gekommen war, dass Reichtum an sich ehrenvoll war und zu Ruhm, Macht und Einfluss führte, schwand der Sinn für Tüchtigkeit, und Armut hielt man mehr und mehr für Schande, Unbescholtenheit für

(2) Igitur ex divitiis iuventutem luxuria atque avaritia cum superbia invasere: rapere, consumere, sua parvi pendere, aliena cupere; pudorem, pudicitiam, divina atque humana promiscua, nihil pensi neque moderati habere. (3) Operae pretium est, quom domos atque villas cognoveris in urbium modum exaedificatas, visere templa deorum, quae nostri maiores, religiosissumi mortales, fecere. (4) Verum illi delubra deorum pietate, domos suas gloria decorabant, neque victis quicquam praeter iniuriae licentiam eripiebant. (5) At hi contra, ignavissumi homines, per summum scelus omnia ea sociis adimere, quae fortissumi viri victores reliquerant: proinde quasi iniuriam facere, id demum esset imperio uti. **13** (1) Nam quid ea memorem, quae nisi iis qui videre nemini credibilia sunt, a privatis compluribus subvorsos montis, maria constrata esse? (2) Quibus mihi videntur ludibrio fuisse divitiae: Quippe quas honeste habere licebat, abuti per turpitudinem properabant. (3) Sed lubido stupri, ganeae ceterique cultus non minor incesserat: viri muliebria pati, mulieres pudicitiam in propatulo habere; vescendi causa terra marique omnia exquirere; dormire prius quam somni cupido esset; non famem aut sitim,

böse Absicht. (2) Deshalb riss bei der Jugend als Folge des Reichtums Luxusleben und Raffgier gepaart mit Arroganz ein: Man raubte, verprasste, verachtete das Eigene und verlangte nach fremdem Eigentum. Man machte sich keine Gedanken um den eigenen ehrbaren Ruf und eigenes ehrbares Verhalten, die göttliche und menschliche Ordnung behandelte man ohne Unterschied, nirgends hielt man Maß. (3) Es lohnt sich, wenn man die Stadt- und Landhäuser kennt, die so groß wie Städte erbaut wurden, die Göttertempel anzusehen, die unsere Vorfahren, zutiefst gottesfürchtige Menschen, errichtet haben. (4) Tatsächlich schmückten sie die Heiligtümer der Götter mit Frömmigkeit, ihre eigenen Häuser mit Ruhm, und sie raubten den Besiegten nichts außer der Möglichkeit, Unrecht zu begehen. (5) Ganz im Gegensatz dazu die Faulenzer heutzutage; die nehmen auf verbrecherischste Weise Völkern, mit denen sie Bündnisverträge haben, alles das weg, was äußerst tapfere Männer ihnen bei ihrem Sieg gelassen hatten, so als ob im Unrechttun erst der wahre Gebrauch der Herrschaft bestünde. **13** (1) Denn was soll ich Dinge erzählen, die nur für die glaubwürdig sind, die sie gesehen haben, dass nämlich mehrere Privatleute Berge abgetragen und Meere zugeschüttet haben. (2) Denen scheint mir ihr Reichtum ein Spielzeug zu sein, denn sie beeilten sich, ihn skandalös zu missbrauchen, wo sie ihn doch ehrenhaft hätten besitzen dürfen. (3) Aber nicht weniger war die Lust auf Hurerei, Schlemmerei und anderen Luxus eingekehrt: Männer ließen sich als Frauen gebrauchen, Frauen boten ihre Unschuld in der Öffentlichkeit an, man durchsuchte alles zu Wasser und zu Lande, um davon zu speisen. Man schlief, ehe das Verlangen nach Schlaf da war; man

neque frigus neque lassitudinem opperiri, sed ea omnia luxu antecapere. (4) Haec iuventutem, ubi familiares opes defecerant, ad facinora incendebant: (5) Animus inbutus malis artibus haud facile lubidinibus carebat; eo profusius omnibus modis quaestui atque sumptui deditus erat.

14 (1) In tanta tamque conrupta civitate Catilina, id quod factu facillumum erat, omnium flagitiorum atque facinorum circum se tamquam stipatorum catervas habebat. (2) Nam quicumque inpudicus, adulter, ganeo manu, ventre, pene bona patria laceraverat, quique alienum aes grande conflaverat, quo flagitium aut facinus redimeret, (3) praeterea omnes undique parricidae, sacrilegi, convicti iudiciis aut pro factis iudicium timentes, ad hoc quos manus atque lingua periurio aut sanguine civili alebat, postremo omnes quos flagitium, egestas, conscius animus exagitabat, ii Catilinae proxumi familiaresque erant. (4) Quod si quis etiam a culpa vacuos in amicitiam eius inciderat, cottidiano usu atque inlecebris facile par similisque ceteris efficiebatur. (5) Sed maxume adulescentium familiaritates adpetebat: eorum animi molles etiam et fluxi dolis haud difficulter capiebantur. (6) Nam ut quoiusque studium ex aetate flagrabat, aliis scorta praebere, aliis canes atque equos mercari;

wartete nicht auf Hunger und Durst, nicht auf Kälte und Müdigkeit, sondern nahm dieses alles verschwenderisch vorweg. (4) Dies feuerte die jungen Leute, wenn ihr Familienvermögen ausgegangen war, zu Untaten an: (5) Wenn sich ihr Charakter mit den schlechten Eigenschaften vollgesogen hatte, konnte er nicht leicht auf die Versuchungen verzichten. Umso unmäßiger war er in jeder Hinsicht der Beschaffung und der Verschwendung ergeben.

14 (1) In einem so großen und so verdorbenen Staat hatte Catilina, was sehr leicht fertigzubringen war, Banden von Verbrechern und Übeltätern jeder Art wie Leibwächter um sich. (2) Denn jeder Lüstling, Ehebrecher oder Schlemmer, der sein väterliches Erbe mit der Hand, mit dem Bauch oder beim Sex verschleudert hatte, Leute, die große Schulden angehäuft hatten, um sich von den Folgen eines Verbrechens oder einer Untat loszukaufen, (3) außerdem alle Mörder, Gotteslästerer, rechtskräftig Verurteilte oder die, die für ihre Taten einen Prozess fürchteten, zudem Leute, die sich mit Wort und Tat von Meineid oder dem Blut ihrer Mitbürger ernährten, überhaupt alle, die ein Skandal, Bankrott und ein schlechtes Gewissen plagte, waren Catilinas engste Vertraute und Freunde. (4) Wenn denn auch einmal ein schuldloser Mensch in seinen Freundeskreis geraten war, so wurde er problemlos durch den täglichen Umgang und die Verlockungen den Übrigen vollkommen gleich. (5) Ganz besonders aber suchte er die Freundschaft junger Leute: Deren noch manipulierbarer und schwankender Charakter ließ sich unschwer durch List faszinieren. (6) Denn je nachdem, wie leidenschaftlich jemand infolge seines Alters für etwas brannte, verschaffte er dem einen Huren oder kaufte dem anderen Hunde oder Pferde. Kurz,

postremo neque sumptui neque modestiae suae parcere, dum illos obnoxios fidosque sibi faceret. (7) Scio fuisse nonnullos, qui ita existumarent iuventutem, quae domum Catilinae frequentabat, parum honeste pudicitiam habuisse; sed ex aliis rebus magis, quam quod quoiquam id compertum foret, haec fama valebat.

15 (1) Iam primum adulescens Catilina multa nefanda stupra fecerat, cum virgine nobili, cum sacerdote Vestae, alia huiusce modi contra ius fasque. (2) Postremo captus amore Aureliae Orestillae, quoius praeter formam nihil umquam bonus laudavit, quod ea nubere illi dubitabat timens privignum adulta aetate, pro certo creditur necato filio vacuam domum scelestis nuptiis fecisse. (3) Quae quidem res mihi in primis videtur causa fuisse facinus maturandi. (4) Namque animus inpurus, dis hominibusque infestus, neque vigiliis neque quietibus sedari poterat: Ita conscientia mentem excitam vastabat. (5) Igitur colos exanguis, foedi oculi, citus modo, modo tardus incessus: Prorsus in facie voltuque vecordia inerat.

16 (1) Sed iuventutem, quam, ut supra diximus, inlexerat, multis modis mala facinora edocebat. (2) Ex illis testis sig-

er scheute weder Kosten, noch schonte er sein Ansehen, wenn er sie sich dadurch nur verpflichtet und treu ergeben machte. (7) Ich weiß zwar, dass es Leute gegeben hat, die die jungen Männer, die in Catilinas Haus ein- und ausgingen, so einschätzten, dass sie ihren guten Ruf zu wenig ehrenhaft gebrauchten; doch hat dieses Gerücht anderen Umständen mehr Gewicht zu verdanken, als dass es irgendeiner zuverlässig in Erfahrung gebracht hätte.

15 (1) Schon gleich in früher Jugend hatte Catilina vielfach gottlose Hurerei begangen, mit einer jungen Frau von Adel, mit einer Vesta-Priesterin, und andere derartige Dinge gegen göttliches und menschliches Recht. (2) Schließlich wurde er von Liebe zu Aurelia Orestilla gepackt, an der kein anständiger Mann jemals etwas außer ihrer Schönheit gelobt hätte. Weil diese aber zögerte, ihn zu heiraten, aus Furcht vor einem erwachsenen Stiefsohn, hält man es für sicher, dass er durch die Ermordung des Sohnes Platz im Haus für ihre verbrecherische Hochzeit schaffte. (3) Diese Tat allerdings scheint mir insbesondere ein Grund dafür gewesen zu sein, dass er sein verbrecherisches Unternehmen schnell begann. (4) Denn sein schmutziger, den Göttern und Menschen feindlicher Charakter konnte weder mit durchwachten Nächten noch durch Schlaf beruhigt werden. So ruinierte das schlechte Gewissen seinen aufgeregten Verstand. (5) Daher seine blasse Farbe, sein unsympathischer Blick, sein bald schneller, bald langsamer Gang: Kurz, in seinem äußeren Erscheinen und seiner Miene wohnte der Wahnsinn.

16 (1) Die Jugend aber, die er angelockt hatte, wie ich schon sagte, unterrichtete er vielseitig in schlimmen Taten. (2) Aus ihrer Gruppe stellte er falsche Zeugen und Urkun-

natoresque falsos commodare; fidem, fortunas, pericula vilia habere; post ubi eorum famam atque pudorem adtriverat, maiora alia imperabat. (3) Si causa peccandi in praesens minus suppetebat, nihilo minus insontis sicuti sontis circumvenire, iugulare: Scilicet ne per otium torpescerent manus aut animus, gratuito potius malus atque crudelis erat.

(4) His amicis sociisque confisus Catilina, simul quod aes alienum per omnis terras ingens erat et quod plerique Sullani milites, largius suo usi, rapinarum et victoriae veteris memores civile bellum exoptabant, opprimundae rei publicae consilium cepit. (5) In Italia nullus exercitus, Cn. Pompeius in extremis terris bellum gerebat; ipsi consulatum petenti magna spes, senatus nihil sane intentus: Tutae tranquillaeque res omnes, sed ea prorsus opportuna Catilinae.

17 (1) Igitur circiter Kalendas Iunias L. Caesare et C. Figulo consulibus primo singulos appellare; hortari alios, alios temptare; opes suas, inparatam rem publicam, magna praemia coniurationis docere. (2) Ubi satis explorata sunt quae voluit, in unum omnis convocat, quibus maxuma necessitudo et plurumum audaciae inerat. (3) Eo convenere sena-

denfälscher. Ihre Glaubwürdigkeit, ihre Vermögen und Gefahren waren ihm egal. Sobald er ihren Ruf und ihr Ehrgefühl zerstört hatte, stellte er ihnen später größere Aufgaben. (3) Wenn im Moment nicht so recht ein Grund vorhanden war, Unrecht zu tun, so ließ er trotzdem unschuldige Leute in die Enge treiben und ermorden, so als ob sie ein Unrecht gegen ihn begangen hätten. Natürlich: Um die Kampfkraft und den Mut nicht durch Untätigkeit träge werden zu lassen, war er ohne Grund lieber schlecht und grausam.

(4) Auf solche Freunde und Verbündete vertraute Catilina, und weil zugleich die Schuldenlast in aller Welt gewaltig war und die meisten Soldaten Sullas ihr Hab und Gut verschleudert hatten und in Erinnerung an die früheren Raubzüge und Siege einen Bürgerkrieg wünschten, fasste er den Entschluss, einen Staatsstreich durchzuführen. (5) In Italien stand kein Heer, Gnaeus Pompeius führte in weit entfernten Ländern Krieg. Er selbst hatte gute Aussichten für seine Bewerbung um das Konsulat. Der Senat war völlig sorglos: Alles war sicher und ruhig, doch diese Umstände waren für Catilina durchaus günstig.

17 (1) Daher sprach er um die Kalenden des Juni im Konsulatsjahr von Lucius Caesar und Gaius Figulus [1. Juni 64 v. Chr.] zunächst Einzelne an. Die einen ermunterte er, den anderen gab er Anreize; er stellte ihnen seine Machtbasis dar, die mangelnde Bereitschaft des Staates zur Gegenwehr und die großen Vorteile der Verschwörung. (2) Als er sein Vorhaben genügend ausbaldowert hatte, rief er alle diejenigen an einem Ort zusammen, die in der schlimmsten Notlage waren und am meisten Waghalsigkeit besaßen. (3) Dort fanden sich aus dem Senatorenstand Publius Len-

torii ordinis P. Lentulus Sura, P. Autronius, L. Cassius Longinus, C. Cethegus, P. et Ser. Sullae Ser. filii, L. Vargunteius, Q. Annius, M. Porcius Laeca, L. Bestia, Q. Curius; (4) praeterea ex equestri ordine M. Fulvius Nobilior, L. Statilius, P. Gabinius Capito, C. Cornelius; ad hoc multi ex coloniis et municipiis domi nobiles. (5) Erant praeterea complures paulo occultius consili huiusce participes nobiles, quos magis dominationis spes hortabatur quam inopia aut alia necessitudo. (6) Ceterum iuventus pleraque, sed maxume nobilium Catilinae inceptis favebat: Quibus in otio vel magnifice vel molliter vivere copia erat; incerta pro certis, bellum quam pacem malebant. (7) Fuere item ea tempestate qui crederent M. Licinium Crassum non ignarum eius consili fuisse: Quia Cn. Pompeius, invisus ipsi, magnum exercitum ductabat, quoiusvis opes voluisse contra illius potentiam crescere, simul confisum, si coniuratio valuisset, facile apud illos principem se fore.

18 (1) Sed antea item coniuravere pauci contra rem publicam, in quis Catilina fuit. (2) De qua quam verissume potero dicam. L. Tullo et M'. Lepido consulibus P. Autronius et

tulus Sura, Publius Autronius, Lucius Cassius Longinus, Gaius Cethegus, Publius und Servius Sulla, die Söhne des Servius, Lucius Vargunteius, Quintus Annius, Marcus Porcius Laeca, Lucius Bestia und Quintus Curius ein; (4) außerdem waren aus dem Ritterstand Marcus Fulvius Nobilior, Lucius Statilius, Publius Gabinius Capito und Gaius Cornelius anwesend; dazu kamen viele aus römischen Kolonien und selbstständigen Landstädten, die in ihrer Heimat zum Adel gehörten. (5) Außerdem gab es aus dem Hochadel noch Einige, die mehr im Hintergrund Mitwisser dieses Plans waren, die eher die Aussicht auf Gewaltherrschaft als Geldschwierigkeiten oder sonst eine Notlage antrieb. (6) Im Übrigen sympathisierten die meisten jungen Leute vor allem aus dem Adelsstand mit Catilinas Vorhaben: Sie besaßen die Mittel, großspurig oder verwöhnt zu leben, ohne zu arbeiten; sie zogen Risiken einem gesicherten Leben und einen Krieg dem Frieden vor. (7) Ebenso gab es zu der Zeit Leute, die glaubten, dass Marcus Licinius Crassus über den Plan genau Bescheid wisse: Weil Gnaeus Pompeius, den er persönlich hasste, das Kommando über ein großes Heer hatte, habe er gewollt, dass die Machtstellung von egal wem gegen dessen Macht anwüchse, und gleichzeitig darauf vertraut, dass er im Falle eines Erfolges der Verschwörung bei dieser leicht Anführer werden könne.

18 (1) Aber auch schon vorher hatten sich einige wenige, unter ihnen auch Catilina, ebenso gegen den Staat verschworen. (2) Darüber möchte ich möglichst wahrheitsgetreu berichten. Im Konsulatsjahr von Lucius Tullus und Manius Lepidus [66 v. Chr.] waren die Konsuln, die für das nächste Jahr gewählt waren, Publius Autronius und Publius

P. Sulla designati consules legibus ambitus interrogati poenas dederant. (3) Post paulo Catilina pecuniarum repetundarum reus prohibitus erat consulatum petere, quod intra legitumos dies profiteri nequiverat. (4) Erat eodem tempore Cn. Piso, adulescens nobilis, summae audaciae, egens, factiosus, quem ad perturbandam rem publicam inopia atque mali mores stimulabant. (5) Cum hoc Catilina et Autronius circiter Nonas Decembris consilio communicato parabant in Capitolio Kalendis Ianuariis L. Cottam et L. Torquatum consules interficere, ipsi fascibus conreptis Pisonem cum exercitu ad obtinendas duas Hispanias mittere. (6) Ea re cognita rursus in Nonas Februarias consilium caedis transtulerant. (7) Iam tum non consulibus modo, sed plerisque senatoribus perniciem machinabantur. (8) Quod ni Catilina maturasset pro curia signum sociis dare, eo die post conditam urbem Romam pessumum facinus patratum foret. Quia nondum frequentes armati convenerant, ea res consilium diremit. **19** (1) Postea Piso in citeriorem Hispaniam quaestor pro praetore missus est adnitente Crasso, quod eum infestum inimicum Cn. Pompeio cognoverat. (2) Neque tamen senatus provinciam invitus dederat, quippe foedum hominem a re publica procul esse volebat, simul quia boni complures praesidium in eo putabant

Sulla, wegen Wahlbestechung vor Gericht gestellt und verurteilt worden. (3) Kurz darauf war Catilina als Angeklagter in einem Repetundenprozess[5] von der Kandidatur für das Konsulat ausgeschlossen worden, weil er sich nicht während der gesetzlich vorgeschriebenen Zeit hatte bewerben können. (4) Zu der Zeit lebte Gnaeus Piso, ein junger Mann aus dem Adel, der schlimmste Draufgänger, der verschuldet und aufrührerisch war und den seine finanzielle Not und sein schlechter Charakter dazu aufstachelten, Unruhe im Staat zu stiften. (5) Mit diesem trafen Catilina und Autronius um den 5. Dezember eine Verabredung und planten, am 1. Januar die Konsuln Lucius Cotta und Lucius Torquatus zu töten und, sobald sie selbst die Macht an sich gerissen hätten, Piso mit einem Heer zu schicken, um die beiden spanischen Provinzen zu besetzen. (6) Weil dieses Komplott bekannt geworden war, hatten sie den Mordplan nochmals auf den 5. Februar verschoben. (7) Schon damals heckten sie nicht nur für die Konsuln, sondern auch für die meisten Senatoren den Untergang aus. (8) Wenn also Catilina nicht seinen Komplizen vor der Kurie zu früh ein Zeichen gegeben hätte, wäre an diesem Tag die schlimmste Tat seit Gründung der Stadt Rom geglückt. Die Tatsache, dass noch nicht genügend Bewaffnete versammelt waren, vereitelte den Anschlag. **19** (1) Später wurde Piso als Quästor im Prätorenrang ins diesseitige Spanien geschickt, und zwar auf Betreiben des Crassus, weil er diesen als aggressiven Gegner des Pompeius kennengelernt hatte. (2) Aber dennoch hatte der Senat ihm nicht gerade widerwillig die Provinz gegeben, denn er wollte diesen schrecklichen Kerl weit weg von der Regierung haben, und gleichzeitig sahen eine Reihe von staatstreuen Politikern in

et iam tum potentia Pompei formidulosa erat. (3) Sed is Piso in provincia ab equitibus Hispanis, quos in exercitu ductabat, iter faciens occisus est. (4) Sunt qui ita dicant imperia eius iniusta, superba, crudelia barbaros nequivisse pati; (5) alii autem, equites illos, Cn. Pompei veteres fidosque clientis, voluntate eius Pisonem adgressos: Numquam Hispanos praeterea tale facinus fecisse, sed imperia saeva multa antea perpessos. Nos eam rem in medio relinquemus. (6) De superiore coniuratione satis dictum.

20 (1) Catilina ubi eos, quos paulo ante memoravi, convenisse videt, tametsi cum singulis multa saepe egerat, tamen in rem fore credens universos appellare et cohortari, in abditam partem aedium secedit atque ibi omnibus arbitris procul amotis orationem huiusce modi habuit:

(2) »Ni virtus fidesque vostra spectata mihi foret, nequiquam opportuna res cecidisset; spes magna, dominatio in manibus frustra fuissent, neque ego per ignaviam aut vana ingenia incerta pro certis captarem. (3) Sed quia multis et magnis tempestatibus vos cognovi fortis fidosque mihi, eo animus ausus est maxumum atque pulcherrumum facinus incipere, simul quia vobis eadem quae mihi bona malaque

ihm einen Schutzschild, denn schon damals war die Macht des Pompeius furchterregend. (3) Aber dieser Piso wurde in der Provinz von spanischen Reitern, über die er im Heer das Kommando hatte, auf dem Marsch getötet. (4) Manche behaupten, die Barbaren hätten seine ungerechte, arrogante und grausame Amtsführung nicht ertragen können. (5) Andere meinen, jene Reiter, alte, treuergebene Schützlinge des Gnaeus Pompeius,[6] seien auf seinen Wunsch hin über Piso hergefallen: Die Spanier hätten sonst niemals so eine Tat begangen, sondern früher oft grausame Amtsführungen geduldig ertragen. Ich werde damit die Sache auf sich beruhen lassen. (6) Zur ersten Verschwörung ist genug gesagt.

20 (1) Sobald Catilina sah, dass sich die eben gerade erwähnten Personen versammelt hatten, hielt er es für zweckmäßig, eine Ansprache an alle zusammen zu halten und sie zu motivieren, auch wenn er schon häufig mit ihnen unter vier Augen eine Menge besprochen hatte. Deshalb zog er sich mit ihnen in einen abgelegenen Teil seines Hauses zurück und hielt dort, wo alle Lauscher weit entfernt waren, eine derartige Rede:

(2) »Hätte ich eure Tatkraft und eure Zuverlässigkeit nicht geprüft, so wäre uns diese Chance umsonst zugefallen; die große Erwartung, selbst die Herrschaft läge vergeblich in unseren Händen. Denn ich würde mit Feiglingen und Taugenichtsen nicht unsicheren Dingen hinterherjagen, so als ob sie schon sicher wären. (3) Aber weil ich euch oft in schwierigen Zeiten als tapfere und mir treu ergebene Männer kennengelernt habe, darum habe ich den Mut gehabt, die größte und schönste Tat zu unternehmen, zugleich weil ich erkannt habe, dass für euch wie für mich dasselbe gut

esse intellexi; (4) nam idem velle atque idem nolle, ea demum firma amicitia est.

(5) Sed ego quae mente agitavi, omnes iam antea divorsi audistis. (6) Ceterum mihi in dies magis animus adcenditur, quom considero, quae condicio vitae futura sit, nisi nosmet ipsi vindicamus in libertatem. (7) Nam postquam res publica in paucorum potentium ius atque dicionem concessit, semper illis reges, tetrarchae vectigales esse, populi, nationes stipendia pendere; ceteri omnes, strenui, boni, nobiles atque ignobiles, volgus fuimus sine gratia, sine auctoritate, iis obnoxii, quibus, si res publica valeret, formidini essemus. (8) Itaque omnis gratia, potentia, honos, divitiae apud illos sunt aut ubi illi volunt; nobis reliquere pericula, repulsas, iudicia, egestatem. (9) Quae quo usque tandem patiemini, o fortissumi viri? Nonne emori per virtutem praestat quam vitam miseram atque inhonestam, ubi alienae superbiae ludibrio fueris, per dedecus amittere? (10) Verum enim vero, pro deum atque hominum fidem, victoria in manu nobis est, viget aetas, animus valet; contra illis annis atque divitiis omnia consenuerunt. Tantummodo incepto opus est, cetera res expediet. (11) Etenim quis mortalium, quoi virile ingenium est, tolerare potest illis divitias superare, quas profundant in extruendo mari et montibus coaequandis, nobis rem familiarem etiam ad necessa-

und schlecht ist: (4) Denn dasselbe wollen und dasselbe nicht wollen, das erst ist feste Freundschaft.

(5) Was mich aber innerlich beschäftigt hat, habt ihr alle einzeln schon vorher gehört. (6) Im Übrigen werde ich täglich wütender, wenn ich mir überlege, wie unsere Lebenssituation aussehen wird, wenn wir nicht für uns selbst die Freiheit erringen. (7) Denn seitdem der Staat in Macht und Gewalt einiger weniger Einflussreicher geraten ist, sind Könige und Kleinfürsten immer jenen Leuten abgabepflichtig, ganze Völker und Volksstämme bezahlen ihnen Steuern. Wir Übrigen, zielstrebige und ordentliche Leute, Adlige und Nicht-Adlige, sind einfaches Volk ohne Ansehen, ohne Einfluss, von Leuten abhängig, denen wir Angst einjagen würden, wenn unser Staat gesund wäre. (8) So ist denn alles Ansehen, Macht, Ehre und Reichtum in der Hand dieser Leute oder da, wo sie es haben wollen. Für uns haben sie nichts übrig als Gefahren, Wahlniederlagen, Gerichtsprozesse und materielle Not. (9) Wie lange wollt ihr euch das noch gefallen lassen, ihr Helden? Ist es nicht besser, mit Tapferkeit zu sterben, als ein armseliges und ehrloses Leben, in dem man ein Gespött für fremde Überheblichkeit ist, in Schande zu verlieren? (10) Aber nein, bei der Treue der Götter und Menschen, der Sieg ist in unserer Hand, unser Alter ist noch frisch und kräftig, der Mut noch groß; bei jenen dagegen ist alles durch die Jahre und den Reichtum alt und schlaff geworden. Nur ein Anfang ist nötig, das Übrige wird sich von selbst finden. (11) Denn welcher Mensch, der Männermut besitzt, könnte es ertragen, dass diese Leute Reichtum in Überfluss besitzen, den sie dazu verschleudern, Meere anzulegen und Berge einzuebnen, während uns das Vermögen sogar zum Notwendigen

ria deesse? Illos binas aut amplius domos continuare, nobis larem familiarem nusquam ullum esse? (12) Quom tabulas, signa, toreumata emunt, nova diruunt, alia aedificant, postremo omnibus modis pecuniam trahunt, vexant, tamen summa lubidine divitias suas vincere nequeunt. (13) At nobis est domi inopia, foris aes alienum, mala res, spes multo asperior: Denique quid relicui habemus praeter miseram animam?

(14) Quin igitur expergiscimini? En illa, illa, quam saepe optastis, libertas, praeterea divitiae, decus, gloria in oculis sita sunt; fortuna omnia ea victoribus praemia posuit. (15) Res, tempus, pericula, egestas, belli spolia magnifica magis quam oratio mea vos hortantur. (16) Vel imperatore vel milite me utimini: Neque animus neque corpus a vobis aberit. (17) Haec ipsa, ut spero, vobiscum una consul agam, nisi forte me animus fallit et vos servire magis quam imperare parati estis.«

21 (1) Postquam accepere ea homines, quibus mala abunde omnia erant, sed neque res neque spes bona ulla, tametsi illis quieta movere magna merces videbatur, tamen postulavere plerique, ut proponeret, quae condicio belli foret, quae praemia armis peterent, quid ubique opis aut spei haberent. (2) Tum Catilina polliceri tabulas novas, proscrip-

fehlt? Dass jene ein Stadthaus an das andere bauen[7] und wir nirgends ein Heim für unsere Familie mehr haben? (12) Wenn sie Bilder, Statuen und Reliefs kaufen, neue Gebäude abreißen, andere errichten, kurz, auf jede mögliche Weise ihr Geld vergeuden und verschleudern, so können sie selbst mit größter Hemmungslosigkeit nicht mit ihrem Reichtum fertigwerden. (13) Wir dagegen haben daheim Armut, draußen Schulden, eine schlimme Lage jetzt, noch viel schlimmere Aussichten für die Zukunft. Was haben wir schließlich noch übrig außer unserem armseligen Leben?

(14) Warum wacht ihr also nicht auf? Seht doch, genau die Freiheit, die ihr euch so oft gewünscht habt, außerdem Reichtum, Ehre und Ruhm liegen euch vor Augen! Das alles hat das Glück den Siegern als Belohnung ausgesetzt. (15) Die gegenwärtige Situation, der richtige Zeitpunkt, die drohenden Gefahren, eure Armut und die großartige Kriegsbeute motivieren euch mehr als meine Rede. (16) Benutzt mich als Oberbefehlshaber oder als einfachen Soldaten: Weder mein Mut noch mein Körper wird euch fehlen. (17) Dies alles werde ich mit euch zusammen vorantreiben, sobald ich Konsul bin, wenn mich mein Gefühl nicht zufällig täuscht und ihr nicht eher bereit seid zu dienen als zu herrschen.«

21 (1) Als die Leute dies gehört hatten, die alles Schlechte im Übermaß besaßen, aber keinen Besitz und keine Hoffnung, da forderten die meisten von ihnen, auch wenn ihnen die Störung des Friedens schon als großer Gewinn erschien, dass Catilina ihnen darlegen solle, wie die Verhältnisse im Krieg sein würden, für welchen Lohn sie mit ihren Waffen kämpfen würden und welche Unterstützung und welche Aussichten sie überall besäßen. (2) Da versprach

tionem locupletium, magistratus, sacerdotia, rapinas, alia omnia, quae bellum atque lubido victorum fert; (3) praeterea esse in Hispania citeriore Pisonem, in Mauretania cum exercitu P. Sittium Nucerinum, consili sui participes; petere consulatum C. Antonium, quem sibi collegam fore speraret, hominem et familiarem et omnibus necessitudinibus circumventum; cum eo se consulem initium agundi facturum. (4) Ad hoc maledictis increpabat omnis bonos, suorum unum quemque nominans laudare: Admonebat alium egestatis, alium cupiditatis suae, compluris periculi aut ignominiae, multos victoriae Sullanae, quibus ea praedae fuerat. (5) Postquam omnium animos alacris videt, cohortatus, ut petitionem suam curae haberent, conventum dimisit. **22** (1) Fuere ea tempestate qui dicerent Catilinam oratione habita, quom ad ius iurandum popularis sceleris sui adigeret, humani corporis sanguinem vino permixtum in pateris circumtulisse: (2) Inde quom post execrationem omnes degustavissent, sicuti in sollemnibus sacris fieri consuevit, aperuisse consilium suom, [atque eo dictitare fecisse,] quo inter se fidi magis forent alius alii tanti facinoris conscii. (3) Nonnulli ficta et haec et multa praeterea existumabant ab iis, qui Ciceronis invidiam, quae

Catilina ihnen einen Schuldenerlass, Entrechtung der Reichen, Beamtenposten, Priesterstellen, Raubzüge und alles andere, was ein Krieg und die Willkür der Sieger mit sich bringt. (3) Außerdem seien Piso im diesseitigen Spanien[8] und Publius Sittius Nucerinus[9] mit einem Heer in Mauretanien beide Mitwisser seines Planes. Gaius Antonius strebe das Konsulat an, und er hoffe, sein Amtsgenosse zu sein; dieser Mann sei sein vertrauter Freund und zudem von allen möglichen Schwierigkeiten bedrängt. Mit ihm zusammen werde er als Konsul an die Arbeit gehen. (4) Außerdem zog er ständig mit Beschimpfungen über alle staatstreuen Politiker her und lobte jeden Einzelnen von seinen Leuten, indem er sie persönlich anredete. Er erinnerte den einen an seine Armut, einen anderen an seine Gier, mehrere an ihre Gefährdung und an den Verlust ihrer Ehre, viele an den Sieg unter Sulla, der ihnen Beute eingebracht hatte. (5) Als er sie alle in heller Begeisterung sah, forderte er sie auf, sich um seine Bewerbung zu kümmern, und entließ die Versammlung. **22** (1) Damals behaupteten einige, Catilina habe nach dieser Rede, als er die Teilhaber seines verbrecherischen Planes zu einem Schwur drängte, Menschenblut unter den Wein gemischt und dieses in Schalen herumgereicht: (2) Erst als sie alle nach einem feierlichen Schwur davon getrunken hätten, wie man es gewöhnlich bei feierlichen Opferhandlungen tut, habe er seinen Plan aufgedeckt und immer wieder gesagt, er habe dies mit der Absicht getan, dass sie untereinander enger verbunden seien, wenn einer vom anderen ein so schweres Verbrechen kenne.[10] (3) Manche hielten dieses und anderes darüber hinaus für eine Erfindung von Leuten, die den später entstandenen Hass auf Cicero[11] glaubten abmildern zu kön-

postea orta est, leniri credebant atrocitate sceleris eorum, qui poenas dederant. Nobis ea res pro magnitudine parum conperta est.

23 (1) Sed in ea coniuratione fuit Q. Curius, natus haud obscuro loco, flagitiis atque facinoribus coopertus, quem censores senatu probri gratia moverant. (2) Huic homini non minor vanitas inerat quam audacia: neque reticere, quae audierat, neque suamet ipse scelera occultare, prorsus neque dicere neque facere quicquam pensi habebat. (3) Erat ei cum Fulvia, muliere nobili, stupri vetus consuetudo. Quoi cum minus gratus esset, quia inopia minus largiri poterat, repente glorians maria montisque polliceri coepit et minari etiam ferro, ni sibi obnoxia foret, postremo ferocius agitare quam solitus erat. (4) At Fulvia insolentiae Curi causa cognita tale periculum rei publicae haud occultum habuit, sed sublato auctore de Catilinae coniuratione, quae quoque modo audierat, compluribus narravit.

(5) Ea res in primis studia hominum adcendit ad consulatum mandandum M. Tullio Ciceroni. (6) Namque antea pleraque nobilitas invidia aestuabat, et quasi pollui consulatum credebant, si eum quamvis egregius homo novos adeptus foret. Sed ubi periculum advenit, invidia atque su-

nen, indem sie das Verbrechen der Bestraften in grauenhafter Weise darstellten. Mir ist diese Nachricht im Verhältnis zu ihrer Ungeheuerlichkeit nicht zuverlässig genug.

23 (1) Zu dieser Verschwörung gehörte nun auch Quintus Curius, der von einer keineswegs unbedeutenden Familie abstammte, aber bis zum Hals in Skandalen und Verbrechen steckte und den die Zensoren wegen seines unmoralischen Verhaltens aus dem Senat entfernt hatten. (2) In diesem Mann steckte nicht weniger Eitelkeit als Draufgängertum: Er verschwieg nichts, was er gehört hatte, er verheimlichte auch seine eigenen Verbrechen nicht, kurz, er machte sich keinerlei Gedanken über sein Reden und Handeln. (3) Er hatte mit Fulvia, einer adeligen Frau, ein altes, uneheliches Verhältnis. Als er ihr weniger lieb wurde, weil er ihr wegen seiner finanziellen Schwierigkeiten weniger Geschenke machen konnte, blies er sich plötzlich auf und fing an, ihr Meere und Berge zu versprechen und sie sogar mit einem Dolch zu bedrohen, wenn sie ihm nicht gehorsam sein sollte, überhaupt fing er an, sich wilder zu benehmen als gewöhnlich. (4) Als jedoch Fulvia den Grund für das auffällige Verhalten des Curius herausgefunden hatte, behielt sie eine solche Gefahr für den Staat nicht für sich, sondern erzählte mehreren Personen von der Verschwörung des Catilina, was und wie sie es gehört hatte, wobei sie allerdings den Informanten verschwieg.

(5) Besonders dieser Umstand zündete den Eifer der Leute an, das Konsulat Marcus Tullius Cicero zu übertragen. (6) Denn vorher kochten die meisten Adligen vor Neid und glaubten, dass das Konsulat sozusagen beschmutzt werde, wenn es ein »homo novus« bis dahin schaffe, und sei er noch so hervorragend. Sobald aber Gefahr in Verzug war,

perbia post fuere. **24** (1) Igitur comitiis habitis consules declarantur M. Tullius et C. Antonius. Quod factum primo popularis coniurationis concusserat. (2) Neque tamen Catilinae furor minuebatur, sed in dies plura agitare: Arma per Italiam locis opportunis parare, pecuniam sua aut amicorum fide sumptam mutuam Faesulas ad Manlium quendam portare, qui postea princeps fuit belli faciundi. (3) Ea tempestate plurumos quoiusque generis homines adscivisse sibi dicitur, mulieres etiam aliquot, quae primo ingentis sumptus stupro corporis toleraverant, post ubi aetas tantummodo quaestui neque luxuriae modum fecerat, aes alienum grande conflaverant. (4) Per eas se Catilina credebat posse servitia urbana sollicitare, urbem incendere, viros earum vel adiungere sibi vel interficere.

25 (1) Sed in iis erat Sempronia, quae multa saepe virilis audaciae facinora conmiserat. (2) Haec mulier genere atque forma, praeterea viro, liberis satis fortunata fuit; litteris Graecis, Latinis docta, psallere, saltare elegantius quam necesse est probae, multa alia, quae instrumenta luxuriae sunt. (3) Sed ei cariora semper omnia quam decus atque pudicitia fuit; pecuniae an famae minus parceret, haud facile discerneres; lubido sic adcensa, ut saepius peteret viros

waren Neid und Arroganz nicht mehr wichtig. **24** (1) Nach den Wahlen wurden Marcus Tullius und Gaius Antonius als Konsuln verkündet. Diese Tatsache brachte zunächst seine Mitverschwörer aus der Fassung. (2) Dennoch wurde Catilinas Raserei nicht weniger, sondern er trieb von Tag zu Tag mehr Dinge voran: Er legte in ganz Italien an geeigneten Stellen Waffenlager an, er lieh sich auf eigenen Kredit oder auf den seiner Freunde Geld aus und schaffte es nach Faesulae zu einem Mann namens Manlius, der später als Erster den Krieg begann. (3) Zu dieser Zeit soll er die meisten Leute von jeder nur möglichen Herkunft aufgenommen haben, sogar einige Frauen, die zunächst ihre riesige Verschwendungssucht mit Prostitution bestritten hatten. Sobald dann das Alter nur ihrer Einkommensquelle, nicht aber ihrem Luxusleben ein Ende gesetzt hatte, hatten sie große Schulden aufgehäuft. (4) Durch sie meinte Catilina, die Sklaven in Rom aufhetzen, dadurch die Stadt in Brand setzen und ihre Männer entweder an sich binden oder töten zu können.

25 (1) Zu ihnen gehörte aber Sempronia, die viele Taten oft draufgängerisch wie ein Mann vollbracht hatte. (2) Diese Frau war hinsichtlich ihrer Abstammung und ihrer Schönheit, außerdem was ihren Mann und ihre Kinder betraf, vom Glück begünstigt. Sie war in der lateinischen und griechischen Literatur ausgebildet,[12] sie spielte die Kithara und tanzte vorzüglicher, als es für eine anständige Frau notwendig ist, und beherrschte viele andere Dinge, die zur Ausstattung eines Luxuslebens gehören. (3) Aber ihr war stets alles wertvoller als Anstand und sexuelle Reinheit. Ob sie ihre Finanzen oder ihren guten Ruf weniger schonte, dürfte schwer zu entscheiden sein. Ihre sexuelle Gier war so

quam peteretur. (4) Sed ea saepe antehac fidem prodiderat, creditum abiuraverat, caedis conscia fuerat: Luxuria atque inopia praeceps abierat. (5) Verum ingenium eius haud absurdum: Posse versus facere, iocum movere, sermone uti vel modesto vel molli vel procaci; prorsus multae facetiae multusque lepos inerat.

26 (1) His rebus conparatis Catilina nihilo minus in proxumum annum consulatum petebat, sperans, si designatus foret, facile se ex voluntate Antonio usurum. Neque interea quietus erat, sed omnibus modis insidias parabat Ciceroni. (2) Neque illi tamen ad cavendum dolus aut astutiae deerant. (3) Namque a principio consulatus sui multa pollicendo per Fulviam effecerat, ut Q. Curius, de quo paulo ante memoravi, consilia Catilinae sibi proderet; (4) ad hoc conlegam suom Antonium pactione provinciae perpulerat, ne contra rem publicam sentiret; circum se praesidia amicorum atque clientium occulte habebat. (5) Postquam dies comitiorum venit et Catilinae neque petitio neque insidiae, quas consulibus in Campo fecerat, prospere cessere, constituit bellum facere et extrema omnia experiri, quoniam, quae occulte temptaverat, aspera foedaque evenerant.

erhitzt, dass sie häufiger Männer verführte, als dass sie selbst verführt wurde. (4) Schon oft zuvor hatte sie ihr Wort gebrochen, ein Darlehen unter Eid abgestritten und war Mitwisserin einer Mordtat gewesen. Sie war durch ihren luxuriösen Lebensstil und ihre finanziellen Probleme völlig auf die schiefe Bahn geraten. (5) Dabei war ihr Verstand nicht unbegabt: Sie konnte Verse schmieden, Scherze machen und sich in einer Unterhaltung mal bescheiden, mal zärtlich oder auch vorlaut ausdrücken, kurz gesagt, sie besaß viel Witz und viel Charme.

26 (1) Trotz dieser Vorbereitungen bewarb sich Catilina um das Konsulat für das folgende Jahr in der Hoffnung, Antonius besser nach Belieben ausnutzen zu können, wenn er designierter Konsul wäre. Aber er verhielt sich in der Zwischenzeit nicht ruhig, sondern plante auf alle mögliche Weise Anschläge auf Cicero. (2) Aber auch diesem fehlten nicht Tricks und Schlauheit, um für seine Sicherheit zu sorgen. (3) Denn von Beginn seines Konsulats an hatte er es mithilfe von Fulvia durch große Versprechungen geschafft, dass der eben genannte Quintus Curius ihm Catilinas Pläne verriet. (4) Zudem hatte er durch eine Absprache über die Provinz[13] seinen Amtskollegen Antonius dazu bewegt, nicht gegen die Interessen des Staates zu stimmen. Um sich herum hatte er heimlich eine Leibwache von Freunden und Klienten. (5) Als nun der Wahltag gekommen war und weder seine Kandidatur noch seine Anschläge, die Catilina auf dem Marsfeld auf die Konsuln ausgeführt hatte, erfolgreich verlaufen waren, beschloss er, den Krieg zu beginnen und das Alleräußerste zu riskieren. Denn das, was er im Geheimen versucht hatte, hatte einen bitteren und schmählichen Ausgang genommen.

27 (1) Igitur C. Manlium Faesulas atque in eam partem Etruriae, Septimium quendam Camertem in agrum Picenum, C. Iulium in Apuliam dimisit, praeterea alium alio, quem ubique opportunum sibi fore credebat. (2) Interea Romae multa simul moliri: Consulibus insidias tendere, parare incendia, opportuna loca armatis hominibus obsidere; ipse cum telo esse, item alios iubere, hortari, uti semper intenti paratique essent; dies noctisque festinare, vigilare, neque insomniis neque labore fatigari. (3) Postremo, ubi multa agitanti nihil procedit, rursus intempesta nocte coniurationis principes convocat per M. Porcium Laecam, (4) ibique multa de ignavia eorum questus docet se Manlium praemisisse ad eam multitudinem, quam ad capiunda arma paraverat, item alios in alia loca opportuna, qui initium belli facerent, seque ad exercitum proficisci cupere, si prius Ciceronem oppressisset: Eum suis consiliis multum officere. **28** (1) Igitur perterritis ac dubitantibus ceteris C. Cornelius eques Romanus operam suam pollicitus et cum eo L. Vargunteius senator constituere ea nocte paulo post cum armatis hominibus sicuti salutatum introire ad Ciceronem ac de inproviso domi suae inparatum confodere.

27 (1) Deshalb schickte er Gaius Manlius nach Faesulae und in diesen Teil Etruriens, einen Mann namens Septimius aus Camerinum ins Pikenerland, Gaius Iulius nach Apulien und andere anderswohin, je nachdem, wo er sie für sich für nützlich hielt. (2) In der Zwischenzeit setzte er in Rom viele Dinge gleichzeitig in Gang: Er bereitete Attentate auf die Konsuln vor, bereitete Brandanschläge vor und besetzte strategisch günstige Plätze mit Bewaffneten; er selbst trug eine Waffe bei sich und forderte die anderen auf, dasselbe zu tun. Er trieb sie dazu an, ständig wachsam und kampfbereit zu sein: Er war Tag und Nacht beschäftigt und schlief nicht. Doch wurde er weder durch die Schlaflosigkeit noch durch die Anstrengung müde. (3) Als ihm trotz seines umfangreichen Aktivismus nichts glückte, rief er schließlich die Anführer der Verschwörung in tiefer Nacht mithilfe von Marcus Porcius Laeca wiederum zusammen;[14] (4) dort beschwerte er sich viel über ihre Faulheit und erklärte ihnen, dass er Manlius zu dem Haufen vorausgeschickt habe, den er für den bewaffneten Aufstand ausgerüstet hatte, dass er andere zu anderen strategisch günstigen Positionen gesandt habe, um den Krieg zu beginnen, und dass er zum Heer aufbrechen wolle, wenn er zuvor Cicero fertiggemacht habe. Dieser stehe seinen Plänen gewaltig im Wege. **28** (1) Als daher die anderen sehr erschreckt reagierten und unschlüssig waren, versprach ihm Gaius Cornelius, ein römischer Ritter, seine Hilfe und mit ihm der Senator Lucius Vargunteius, und sie beschlossen, noch in dieser Nacht nur wenig später mit bewaffneten Männern zu Cicero zu gehen, so als ob sie ihre morgendliche Aufwartung[15] machen wollten, und ihn in seinem eigenen Haus unversehens niederzustechen, wo er wehrlos sei. (2) Als

(2) Curius ubi intellegit, quantum periculum consuli inpendeat, propere per Fulviam Ciceroni dolum, qui parabatur, enuntiat. (3) Ita illi ianua prohibiti tantum facinus frustra susceperant.

(4) Interea Manlius in Etruria plebem sollicitare, egestate simul ac dolore iniuriae novarum rerum cupidam, quod Sullae dominatione agros bonaque omnia amiserat, praeterea latrones quoiusque generis, quorum in ea regione magna copia erat, nonnullos ex Sullanis coloniis, quibus lubido atque luxuria ex magnis rapinis nihil relicui fecerant.

29 (1) Ea cum Ciceroni nuntiarentur, ancipiti malo permotus, quod neque urbem ab insidiis privato consilio longius tueri poterat neque, exercitus Manli quantus aut quo consilio foret, satis conpertum habebat, rem ad senatum refert, iam antea volgi rumoribus exagitatam. (2) Itaque, quod plerumque in atroci negotio solet, senatus decrevit, darent operam consules, ne quid res publica detrimenti caperet. (3) Ea potestas per senatum more Romano magistratui maxuma permittitur: exercitum parare, bellum gerere, coercere omnibus modis socios atque civis, domi militiaeque imperium atque iudicium summum habere;

Curius begriff, in wie großer Gefahr der Konsul schwebte, ließ er schnell durch Fulvia Cicero die Heimtücke verraten, die sich zusammenbraute. (3) Jene wurden an der Tür zurückgehalten und hatten so diese schlimme Untat umsonst unternommen.

(4) Inzwischen hetzte Manlius das einfache Volk in Etrurien auf, das sich wegen seiner Armut und zugleich aus Erbitterung über erlittenes Unrecht eine Revolution ersehnte, weil es unter Sullas Terrorherrschaft seinen gesamten Grundbesitz und sein Vermögen verloren hatte. Außerdem hetzte er Räuber aller Art auf, von denen es in dieser Gegend eine große Menge gab und von denen einige von Sullas Siedlern stammten, denen Hemmungslosigkeit und Luxusleben von ihren großen Raubzügen nichts übrig gelassen hatten.[16]

29 (1) Als dies Cicero mitgeteilt wurde, war er von der doppelten Notlage sehr beunruhigt, weil er weder die Stadt Rom länger auf eigene Faust vor den Anschlägen schützen konnte noch genau genug erfuhr, wie stark das Heer des Manlius war oder welche Absicht dahintersteckte, und er brachte die Sache vor den Senat, die schon vorher gerüchteweise im Volk heftig diskutiert worden war.[17] (2) Daher beschloss der Senat, wie es meist in extrem gefährlichen Situationen üblich ist, die Konsuln sollten dafür sorgen, dass der Staat keinen Schaden nimmt. (3) Diese höchste Macht wird nach römischer Regel einem Staatsbeamten durch den Senat übertragen, und zwar ein Heer aufzustellen, Krieg zu führen, die Verbündeten und Mitbürger in jeder möglichen Weise unter Kontrolle zu halten und in Krieg und Frieden die höchste politische und richterliche Macht auszuüben. Ansonsten besitzt ein Konsul nicht das

aliter sine populi iussu nullius earum rerum consuli ius est.

30 (1) Post paucos dies L. Saenius senator in senatu litteras recitavit, quas Faesulis adlatas sibi dicebat, in quibus scriptum erat C. Manlium arma cepisse cum magna multitudine ante diem VI Kalendas Novembris. (2) Simul, id quod in tali re solet, alii portenta atque prodigia nuntiabant, alii conventus fieri, arma portari, Capuae atque in Apulia servile bellum moveri. (3) Igitur senati decreto Q. Marcius Rex Faesulas, Q. Metellus Creticus in Apuliam circumque ea loca missi – (4) hi utrique ad urbem imperatores erant inpediti, ne triumpharent, calumnia paucorum, quibus omnia honesta atque inhonesta vendere mos erat –, (5) sed praetores Q. Pompeius Rufus Capuam, Q. Metellus Celer in agrum Picenum, iisque permissum, uti pro tempore atque periculo exercitum conpararent. (6) Ad hoc, si quis indicavisset de coniuratione, quae contra rem publicam facta erat, praemium servo libertatem et sestertia centum, libero inpunitatem eius rei et sestertia ducenta, (7) itemque decrevere, uti gladiatoriae familiae Capuam et in cetera municipia distribuerentur pro quoiusque opibus, Romae per totam urbem vigiliae haberentur iisque minores magistratus praeessent.

Recht auf irgendeine dieser Vollmachten ohne Auftrag des Volkes.

30 (1) Wenige Tage später las der Senator Lucius Saenius im Senat Briefe vor, die ihm, wie er sagte, aus Faesulae zugetragen worden waren und in denen geschrieben stand, Gaius Manlius habe sich am 27. Oktober mit einer großen Menge zum bewaffneten Kampf bereit gemacht. (2) Zugleich erzählte man sich (was in einer solchen Situation normalerweise passiert) von Zeichen und Wundern, dass Zusammenkünfte stattfänden, Waffen herbeigebracht würden und in Capua und Apulien ein Sklavenaufstand angestiftet werde.[18] (3) Daher wurde auf Senatsbeschluss Quintus Marcius Rex nach Faesulae und Quintus Metellus Creticus nach Apulien und in die Gebiete rundherum geschickt. (4) Diese beiden waren als Feldherren vor der Stadt daran gehindert worden, als Triumphatoren einzuziehen, aufgrund von falschen Beschuldigungen einiger weniger, die gewohnheitsmäßig für Geld alles Ehrenhafte und Ehrlose taten. (5) Die Prätoren Quintus Pompeius Rufus und Quintus Metellus Celer wurden aber nach Capua bzw. ins Picenerland geschickt mit der Erlaubnis, je nach Situation und Gefahrenlage ein Heer aufzustellen. (6) Außerdem wurde als Belohnung, wenn jemand eine Anzeige wegen der staatsfeindlichen Verschwörung machte, für einen Sklaven die Freiheit und 100 000 Sesterzen sowie für einen Freien Straffreiheit und 200 000 Sesterzen ausgesetzt. (7) Ebenso beschloss man, die Gladiatorentruppen auf Capua und die übrigen selbstständigen Landstädte ihrer Stärke entsprechend zu verteilen, in Rom Wachen in der ganzen Stadt aufzustellen und den unteren Staatsbeamten[19] das Kommando über sie zu geben.

31 (1) Quis rebus permota civitas atque inmutata urbis facies erat. Ex summa laetitia atque lascivia, quae diuturna quies pepererat, repente omnis tristitia invasit: (2) festinare, trepidare, neque loco neque homini quoiquam satis credere, neque bellum gerere neque pacem habere, suo quisque metu pericula metiri. (3) Ad hoc mulieres, quibus rei publicae magnitudine belli timor insolitus incesserat, adflictare sese, manus supplices ad caelum tendere, miserari parvos liberos, rogitare omnia, ⟨omni rumore⟩ pavere, ⟨adripere omnia⟩ superbia atque deliciis omissis, sibi patriaeque diffidere.

(4) At Catilinae crudelis animus eadem illa movebat, tametsi praesidia parabantur et ipse lege Plautia interrogatus erat ab L. Paullo. (5) Postremo dissimulandi causa aut sui expurgandi, sicut iurgio lacessitus foret, in senatum venit. (6) Tum M. Tullius consul, sive praesentiam eius timens sive ira conmotus, orationem habuit luculentam atque utilem rei publicae, quam postea scriptam edidit. (7) Sed ubi ille adsedit, Catilina, ut erat paratus ad dissimulanda omnia, demisso voltu, voce supplici postulare a patribus coepit, ne quid de se temere crederent: Ea familia ortum, ita se ab adulescentia vitam instituisse, ut omnia bona in spe

31 (1) Diese Vorgänge beunruhigten die Bürgergemeinschaft heftig und veränderten das Erscheinungsbild der Stadt völlig. Aus höchster Lebensfreude und Lebenslust, die die lange Ruhe verursacht hatte, befiel sie plötzlich tiefe Niedergeschlagenheit: (2) Alle waren nervös und hektisch, man fühlte sich nirgends und vor niemandem sicher. Man führte keinen Krieg, aber man hatte auch keinen richtigen Frieden, jeder hielt die Gefahr für so groß wie seine eigene Angst. (3) Zudem schlugen sich die Frauen, über die eine wegen der Größe des Staates schon ungewohnte Kriegsangst gekommen war, an die Brust, streckten flehend die Hände zum Himmel, jammerten über ihre kleinen Kinder, fragten ständig nach allem Möglichen, zitterten ⟨vor jedem Gerücht⟩, ⟨rafften alles zusammen,⟩ ließen ihre Arroganz und ihre teuren Spielereien bleiben und verloren die Hoffnung für sich und ihre Heimat.[20]

(4) Catilinas grausamer Starrsinn trieb dieselben Pläne weiter voran, auch wenn Schutzmaßnahmen vorbereitet wurden und er selbst aufgrund des Plautischen Gesetzes von Lucius Paullus angeklagt worden war.[21] (5) Schließlich kam Catilina in den Senat, um so zu tun, als ob nichts wäre, oder um sich zu rechtfertigen, als ob er durch eine Streiterei provoziert worden wäre. (6) Da hielt der Konsul Marcus Tullius, sei es aus Angst vor dessen Anwesenheit, sei es aus Zorn, eine glänzende und staatstragende Rede, die er später herausgegeben hat.[22] (7) Als er sich gesetzt hatte, begann Catilina, so wie er vorbereitet war, alles abzustreiten, mit gesenktem Blick und flehender Stimme die Senatoren zu bitten, sie möchten nicht blind alles über ihn glauben: Er stamme aus einer solchen Familie und habe sein Leben seit seiner Jugend so organisiert, dass er die

haberet; ne existumarent sibi, patricio homini, quoius ipsius atque maiorum pluruma beneficia in plebem Romanam essent, perdita re publica opus esse, quom eam servaret M. Tullius, inquilinus civis urbis Romae. (8) Ad hoc male dicta alia quom adderet, obstrepere omnes, hostem atque parricidam vocare. (9) Tum ille furibundus »quoniam quidem circumventus« inquit »ab inimicis praeceps agor, incendium meum ruina extinguam«.

32 (1) Deinde se ex curia domum proripuit. Ibi multa ipse secum volvens, quod neque insidiae consuli procedebant et ab incendio intellegebat urbem vigiliis munitam, optumum factu credens exercitum augere ac, prius quam legiones scriberentur, multa antecapere, quae bello usui forent, nocte intempesta cum paucis in Manliana castra profectus est. (2) Sed Cethego atque Lentulo ceterisque, quorum cognoverat promptam audaciam, mandat, quibus rebus possent, opes factionis confirment, insidias consuli maturent, caedem incendia aliaque belli facinora parent: Sese propediem cum magno exercitu ad urbem adcessurum.

(3) Dum haec Romae geruntur, C. Manlius ex suo numero legatos ad Marcium Regem mittit cum mandatis huiusce modi:

33 (1) »Deos hominesque testamur, imperator, nos arma

Chance auf alles Glück habe. Er sei ein Mann aus altem Adel, seine und seiner Vorfahren Leistungen für das römische Volk seien sehr zahlreich. Sie sollten nicht glauben, dass er die Zerstörung des Staates nötig hätte, während ihn dagegen Marcus Tullius rette, ein zugewanderter Bürger der Stadt Rom. (8) Als er dazu noch andere Beschimpfungen hinzufügte, schrien alle dazwischen und nannten ihn Staatsfeind und Hochverräter. (9) Darauf rief er außer sich vor Wut: »Wenn ich nun schon von Feinden umzingelt Hals über Kopf gejagt werde, werde ich den Brand um mich herum mit Trümmern löschen.«

32 (1) Danach rannte er aus der Kurie fort nach Hause. Dort überlegte er bei sich lange vieles hin und her, und weil einerseits seine Anschläge auf den Konsul nicht gelangen und er andererseits einsah, dass die Stadt wegen der Wachen gegen Brandstiftung gesichert war, hielt er es für das Beste, sein Heer zu verstärken und, bevor Legionen aufgestellt würden, vieles vorher zu besorgen, was für die Kriegführung nützlich sein würde. Daher reiste er in tiefer Nacht mit wenigen Begleitern[23] in das Lager des Manlius ab. (2) Dem Cethegus, dem Lentulus und den Übrigen aber, deren entschlossenes Draufgängertum er kannte, gab er den Auftrag, die Mittel der Partei zu stärken, womit sie nur könnten, das Attentat auf den Konsul schleunigst auszuführen und Vorkehrungen zu einem Blutbad, zu Brandstiftungen und anderen Kriegsgräueln zu treffen. Er werde sehr bald mit einem großen Heer gegen die Stadt anrücken.

(3) Während dies in Rom passierte, schickte Gaius Manlius Gesandte aus seinen Reihen zu Marcius Rex mit einer vertraulichen Nachricht[24] in dieser Art:

33 (1) »Wir rufen die Götter und Menschen als Zeugen

neque contra patriam cepisse neque quo periculum aliis faceremus, sed uti corpora nostra ab iniuria tuta forent, qui miseri, egentes violentia atque crudelitate faeneratorum plerique patriae, sed omnes fama atque fortunis expertes sumus. Neque quoiquam nostrum licuit more maiorum lege uti neque amisso patrimonio liberum corpus habere: Tanta saevitia faeneratorum atque praetoris fuit. (2) Saepe maiores vostrum, miseriti plebis Romanae, decretis suis inopiae eius opitulati sunt, ac novissume memoria nostra propter magnitudinem aeris alieni volentibus omnibus bonis argentum aere solutum est. (3) Saepe ipsa plebs, aut dominandi studio permota aut superbia magistratuum, armata a patribus secessit. (4) At nos non imperium neque divitias petimus, quarum rerum causa bella atque certamina omnia inter mortalis sunt, sed libertatem, quam nemo bonus nisi cum anima simul amittit. (5) Te atque senatum obtestamur, consulatis miseris civibus, legis praesidium, quod iniquitas praetoris eripuit, restituatis, neve nobis eam neccessitudinem inponatis, ut quaeramus, quonam modo maxume ulti sanguinem nostrum pereamus.«

34 (1) Ad haec Q. Marcius respondit, si quid ab senatu petere vellent, ab armis discedant, Romam supplices proficis-

an, Kommandeur, dass wir weder gegen das Vaterland zu den Waffen gegriffen haben noch um andere in Gefahr zu bringen, sondern damit unsere Körper vor Unrecht sicher sind. Beklagenswert und bettelarm wie wir sind, wurden die meisten von uns durch die Gewalttätigkeit und Unbarmherzigkeit der Geldverleiher um ihre Heimat, wir alle jedoch um unseren guten Ruf und unser Vermögen gebracht. Keiner von uns durfte nach guter, alter Tradition den Schutz des Gesetzes in Anspruch nehmen und nach dem Verlust des Familienerbes seine persönliche Freiheit behalten: So schlimm war die Strenge der Geldverleiher und des Prätors. (2) Oft kamen eure Vorfahren aus Mitleid mit dem römischen Volk durch ihre Beschlüsse seiner Armut zu Hilfe, und erst neulich zu unserer Zeit wurde wegen der Höhe der Schulden mit der Zustimmung aller staatstreuen Bürger Silber mit Kupfergeld zurückbezahlt.[25] (3) Oft hat das Volk aus Herrschsucht oder wegen der Arroganz der Beamten bewaffnet gegen die Patrizier einen Generalstreik gemacht.[26] (4) Aber wir wollen keine politische Macht oder Reichtum erreichen, derentwegen alle Kriege und Streitigkeiten zwischen den Menschen entstehen, sondern die Freiheit, die ein Ehrenmann nur gleichzeitig mit seinem Leben verliert. (5) Wir beschwören dich und den Senat, kümmert euch um eure armen Mitbürger und stellt den Schutz des Gesetzes wieder her, den uns die Ungerechtigkeit des Prätors geraubt hat. Zwingt uns nicht, uns die Frage zu stellen, wie wir unser Blut möglichst teuer verkaufen können, bevor wir sterben.«

34 (1) Darauf antwortete Quintus Marcius, wenn sie den Senat um etwas bitten wollten, sollten sie ihre Waffen niederlegen und demütig nach Rom aufbrechen. Der Senat des

cantur: Ea mansuetudine atque misericordia senatum populi Romani semper fuisse, ut nemo umquam ab eo frustra auxilium petiverit.

(2) At Catilina ex itinere plerisque consularibus, praeterea optumo quoique litteras mittit: Se falsis criminibus circumventum, quoniam factioni inimicorum resistere nequiverit, fortunae cedere, Massiliam in exilium proficisci, non quo sibi tanti sceleris conscius esset, sed uti res publica quieta foret neve ex sua contentione seditio oreretur. (3) Ab his longe divorsas litteras Q. Catulus in senatu recitavit, quas sibi nomine Catilinae redditas dicebat. Earum exemplum infra scriptum est.

35 (1) »L. Catilina Q. Catulo. Egregia tua fides, re cognita, grata mihi magnis in meis periculis, fiduciam commendationi meae tribuit. (2) Quam ob rem defensionem in novo consilio non statui parare: Satisfactionem ex nulla conscientia de culpa proponere decrevi, quam me dius fidius veram licet cognoscas. (3) Iniuriis contumeliisque concitatus, quod fructu laboris industriaeque meae privatus statum dignitatis non obtinebam, publicam miserorum causam pro mea consuetudine suscepi, non quin aes alienum meis nominibus ex possessionibus solvere non possem – et

römischen Volkes sei immer so mild und mitfühlend gewesen, dass ihn niemals jemand vergeblich um Hilfe gebeten habe.

(2) Catilina schrieb jedoch auf seiner Reise Briefe an sehr viele ehemalige Konsuln und außerdem an die einflussreichsten Personen: Er sei durch falsche Beschuldigungen in Bedrängnis, und weil er der Partei seiner Feinde keinen Widerstand habe leisten können, gebe er der Situation nach und breche nach Massilia ins Exil auf, nicht als ob ihm ein so großes Verbrechen bewusst wäre, sondern damit Ruhe im Staat sei und aus seinem persönlichen Streit kein Aufstand entstehe. (3) Ein völlig anders lautendes Schreiben las Quintus Catulus im Senat vor, das ihm in Catilinas Auftrag übergeben worden war, wie er sagte. Eine Kopie davon ist im Folgenden aufgeschrieben:

35 (1) »Lucius Catilina grüßt Quintus Catulus. Deine außergewöhnliche Vertrauenswürdigkeit durfte ich wahrhaftig kennenlernen. Sie war mir in meinen großen Gefahren willkommen und hat mir den Optimismus für mein Empfehlungsschreiben verliehen. (2) Deshalb habe ich mich nicht entschieden, eine Verteidigung für meinen neuen Plan vorzubereiten, sondern ich habe beschlossen, ohne Schuldbewusstsein eine Rechtfertigung vorzulegen, die du – bei Gott! – als die Wahrheit ansehen darfst. (3) Ich bin durch ungerechte Vorwürfe und Beleidigungen gereizt, weil man mir den Lohn für meine Mühe und meinen Fleiß geraubt hat und ich nicht die meiner Würde angemessene Stellung einnehme. Ich habe nach meiner alten Gewohnheit öffentlich Partei für die Armen ergriffen, nicht als ob ich nicht in der Lage wäre, die Schulden auf meinen Namen aus meinem Grundbesitz zu bezahlen – und Orestillas Frei-

alienis nominibus liberalitas Orestillae suis filiaeque copiis persolveret –, sed quod non dignos homines honore honestatos videbam meque falsa suspicione alienatum esse sentiebam. (4) Hoc nomine satis honestas pro meo casu spes relicuae dignitatis conservandae sum secutus. (5) Plura quom scribere vellem, nuntiatum est vim mihi parari. (6) Nunc Orestillam commendo tuaeque fidei trado; eam ab iniuria defendas, per liberos tuos rogatus. Haveto.«

36 (1) Sed ipse paucos dies conmoratus apud C. Flaminium in agro Arretino, dum vicinitatem antea sollicitatam armis exornat, cum fascibus atque aliis imperi insignibus in castra ad Manlium contendit. (2) Haec ubi Romae conperta sunt, senatus Catilinam et Manlium hostis iudicat, ceterae multitudini diem statuit, ante quam sine fraude liceret ab armis discedere praeter rerum capitalium condemnatis. (3) Praeterea decernit, uti consules dilectum habeant, Antonius cum exercitu Catilinam persequi maturet, Cicero urbi praesidio sit.

(4) Ea tempestate mihi imperium populi Romani multo maxume miserabile visum est. Quoi quom ad occasum ab ortu solis omnia domita armis parerent, domi otium atque divitiae, quae prima mortales putant, adfluerent, fuere ta-

gebigkeit fremde Schulden aus ihrem Vermögen und dem ihrer Tochter abbezahlen würde –, sondern weil ich sah, dass unwürdige Leute mit Ehrenstellen ausgezeichnet wurden, und überzeugt war, dass ich wegen eines falschen Verdachtes übergangen worden bin. (4) Aus diesem Grund habe ich mich von Hoffnungen leiten lassen, den Rest meiner Würde zu retten, die im Verhältnis zu meinem Unglück entsprechend ehrenvoll sind. (5) Eben wo ich mehr schreiben will, erhalte ich die Nachricht, dass eine Gewalttat gegen mich geplant wird. (6) Nun vertraue ich dir Orestilla an und übergebe sie deinem Schutz. Verteidige sie gegen ungerechte Behandlung, ich bitte dich bei deinen Kindern. Lebe wohl.«

36 (1) Er selbst hielt sich noch einige Tage bei Flaminius auf dem Gebiet von Arretium auf, während er die schon vorher aufgehetzten Leute in der Umgebung mit Waffen ausrüstete, und reiste dann schnell mit Rutenbündeln[27] und anderen Zeichen der Kommandogewalt ins Lager zu Manlius. Sobald dies in Rom bekannt geworden war, erklärte der Senat Catilina und Manlius zu Staatsfeinden und setzte dem übrigen Haufen eine Frist, bis zu der er straffrei die Waffen niederlegen durfte, mit Ausnahme von verurteilten Schwerstverbrechern. (3) Außerdem beschloss er, dass die Konsuln Truppen aufstellen sollten, Antonius mit einem Heer Catilina schleunigst verfolgen und Cicero Rom schützen sollte.

(4) In dieser Zeit erschien mir die Herrschaft des römischen Volkes ganz besonders erbärmlich. Obwohl von Sonnenaufgang bis Sonnenuntergang alles mit Waffengewalt unterworfen war und ihm gehorchte und es daheim Ruhe und Reichtum im Überfluss genoss (was die Menschen für

men cives, qui seque remque publicam obstinatis animis perditum irent. (5) Namque duobus senati decretis ex tanta multitudine neque praemio inductus coniurationem patefecerat neque ex castris Catilinae quisquam omnium discesserat: Tanta vis morbi atque uti tabes plerosque civium animos invaserat. **37** (1) Neque solum illis aliena mens erat, qui conscii coniurationis fuerant, sed omnino cuncta plebes novarum rerum studio Catilinae incepta probabat. (2) Id adeo more suo videbatur facere. (3) Nam semper in civitate, quibus opes nullae sunt, bonis invident, malos extollunt, vetera odere, nova exoptant, odio suarum rerum mutari omnia student, turba atque seditionibus sine cura aluntur, quoniam egestas facile habetur sine damno. (4) Sed urbana plebes, ea vero praeceps erat de multis causis. (5) Primum omnium: qui ubique probro atque petulantia maxume praestabant, item alii per dedecora patrimoniis amissis, postremo omnes, quos flagitium aut facinus domo expulerat, ii Romam sicut in sentinam confluxerant. (6) Deinde multi memores Sullanae victoriae, quod ex gregariis militibus alios senatores videbant, alios ita divites, ut regio victu atque cultu aetatem agerent, sibi quisque, si in

die Hauptsache halten), gab es doch Bürger, die sich selbst und den Staat hartnäckig zugrunde richten wollten. (5) Denn trotz der beiden Senatsbeschlüsse hatte sich von dem so großen Haufen kein Einziger durch die Belohnung verleiten lassen und die Verschwörung aufgedeckt, und keiner war aus Catilinas Lager weggegangen: So schlimm war die Macht der Krankheit, und wie Fäulnis hatte sie das Denken der meisten Bürger befallen.

37 (1) Doch nicht nur die Mitwisser der Verschwörung hatten eine so feindselige Haltung, sondern überhaupt die gesamte Plebs fand in ihrem Wunsch nach einer Revolution Catilinas Unternehmungen richtig. (2) Dies tat sie offensichtlich gerade nach ihrer Gewohnheit. (3) Denn in einem Staat sind die, die kein Vermögen haben, immer neidisch auf die Tüchtigen, sie heben die Schufte in den Himmel, hassen das gute Alte und sehnen sich nach Veränderung. In ihrem Hass auf ihre eigene Lage wünschen sie sich dringend, dass sich alles ändert. Sie leben ohne Skrupel von Unruhe und Aufständen, weil man Armut problemlos ohne Verlust aushalten kann. (4) Aber die Plebs der Stadt Rom, die war nun wirklich aus vielen Gründen impulsiv. (5) Zuallererst: Diejenigen, die durch Ehrlosigkeit und Leichtsinn am meisten auffällig waren, ebenso andere, die ihr Erbe unwürdig durchgebracht hatten, schließlich alle, die ein Verbrechen oder eine Untat von zu Hause vertrieben hatte, diese Leute waren nach Rom zusammengeströmt wie in eine Kloake. (6) Ferner dachten viele an Sullas Siege, weil sie sahen, dass aus einfachen Soldaten die einen Senatoren geworden waren, die anderen so reiche Leute, dass sie ein Leben in königlichem Stil und Pomp führten, und jeder erhoffte sich so etwas von einem Sieg,

armis foret, ex victoria talia sperabat. (7) Praeterea iuventus, quae in agris manuum mercede inopiam toleraverat, privatis atque publicis largitionibus excita urbanum otium ingrato labori praetulerat. Eos atque alios omnis malum publicum alebat. (8) Quo minus mirandum est homines egentis, malis moribus, maxuma spe rei publicae iuxta ac sibi consuluisse. (9) Praeterea, quorum victoria Sullae parentes proscripti, bona erepta, ius libertatis inminutum erat, haud sane alio animo belli eventum expectabant. (10) Ad hoc quicumque aliarum atque senatus partium erant, conturbari rem publicam quam minus valere ipsi malebant. (11) Id adeo malum multos post annos in civitatem revorterat. **38** (1) Nam postquam Cn. Pompeio et M. Crasso consulibus tribunicia potestas restituta est, homines adulescentes summam potestatem nacti, quibus aetas animusque ferox erat, coepere senatum criminando plebem exagitare, dein largiundo atque pollicitando magis incendere, ita ipsi clari potentesque fieri. (2) Contra eos summa ope nitebatur pleraque nobilitas senatus specie pro sua magnitudine. (3) Namque, uti paucis verum absolvam, post illa tempora quicumque rem publicam agitavere

wenn er bewaffnet wäre. (7) Außerdem waren junge Leute, die auf den Feldern mit Tagelohn ein ärmliches Auskommen gehabt hatten, durch private und staatliche Spendenaktionen angelockt worden und hatten die Untätigkeit in der Stadt der ungeliebten Strapaze vorgezogen. Sie und alle anderen lebten vom schlimmen Zustand des Staates. (8) Umso weniger erstaunlich ist es, dass diese Menschen, bettelarm, mit schlechtem Charakter, aber höchsten Ansprüchen, gleich schlecht für den Staat und für sich selbst Verantwortung übernahmen. (9) Außerdem sahen diejenigen, deren Eltern bei Sullas Sieg geächtet, deren Hab und Gut geraubt und deren Recht auf Freiheit beschränkt worden waren,[28] dem Ausgang des Krieges nicht gerade mit einer anderen Stimmung entgegen. (10) Des Weiteren wollten alle, die einer anderen Partei als der des Senates angehörten, lieber Unruhe im Staat stiften als selbst weniger politischen Einfluss haben. (11) Eben gerade dieses Unheil war nach vielen Jahren wieder in den Staat zurückgekehrt.
38 (1) Denn nachdem im Konsulatsjahr von Gnaeus Pompeius und Marcus Crassus [70 v. Chr.] die politische Macht der Volkstribunen wiederhergestellt worden war,[29] erreichten junge Kerle höchste Macht, die ein trotziges Alter und Wesen hatten, und sie begannen das Volk durch Anschuldigungen gegen den Senat aufzuhetzen, danach durch Schenkungen und Versprechen noch mehr anzuheizen und auf diese Weise selbst angesehen und einflussreich zu werden. (2) Gegen diese stemmte sich ein Großteil des Adels mit aller Macht angeblich für den Senat, tatsächlich aber für die eigene Größe. (3) Denn, um die ganze Wahrheit auf den Punkt zu bringen, jeder, der seit dieser Zeit im Staat Unruhe stiftete, kämpfte unter ehrenvollen Vorwänden

honestis nominibus – alii, sicuti populi iura defenderent, pars, quo senatus auctoritas maxuma foret – bonum publicum simulantes pro sua quisque potentia certabant. (4) Neque illis modestia neque modus contentionis erat: Utrique victoriam crudeliter exercebant. **39** (1) Sed postquam Cn. Pompeius ad bellum maritumum atque Mithridaticum missus est, plebis opes inminutae, paucorum potentia crevit. (2) Ii magistratus, provincias aliaque omnia tenere; ipsi innoxii, florentes, sine metu aetatem agere ceterosque iudiciis terrere, quo plebem in magistratu placidius tractarent. (3) Sed ubi primum dubiis rebus novandi spes oblata est, vetus certamen animos eorum adrexit. (4) Quod si primo proelio Catilina superior aut aequa manu discessisset, profecto magna clades atque calamitas rem publicam oppressisset, neque illis, qui victoriam adepti forent, diutius ea uti licuisset, quin defessis et exsanguibus, qui plus posset, imperium atque libertatem extorqueret. (5) Fuere tamen extra coniurationem complures, qui ad Catilinam initio profecti sunt. In iis erat Fulvius, senatoris filius, quem retractum ex itinere parens necari iussit.

(6) Isdem temporibus Romae Lentulus, sicuti Catilina praeceperat, quoscumque moribus aut fortuna novis rebus idoneos credebat, aut per se aut per alios sollicitabat, neque

(die einen, als ob sie die Rechte des Volkes verteidigen wollten, die anderen, damit das Ansehen des Senates am größten wäre), während man das Allgemeinwohl vortäuschte, doch nur um die eigene Machtposition. (4) Und sie hatten weder Maß noch Ziel in ihrem Kampf: Beide Parteien nutzten einen Sieg grausam für sich aus. **39** (1) Nachdem aber Pompeius in den Krieg gegen die Seeräuber und gegen Mithridates geschickt worden war,[30] schrumpfte die Macht des Volkes, und der Einfluss einer kleinen Gruppe wuchs. (2) Diese hielten die Staatsämter, die Provinzen und alles Übrige in ihren Händen. Sie selbst führten ihr Leben unangreifbar, glanzvoll sowie ohne Furcht und schüchterten die anderen Leute durch Gerichtsprozesse ein, um das Volk in ihrer Amtszeit umso ungestörter regieren zu können. (3) Sobald sich aber in einer unübersichtlichen Situation die Chance auf einen Umsturz ergab, machte der alte Streit ihnen wieder Mut. (4) Wenn also Catilina das erste Gefecht erfolgreich oder unentschieden beendet hätte, hätte den Staat auf jeden Fall ein großes Unglück und Schaden getroffen, und auch diejenigen, die den Sieg errungen hätten, hätten sich nicht längere Zeit über ihn freuen können, ohne dass ein Stärkerer den Erschöpften und Entkräfteten die Macht und die Freiheit wieder abgejagt hätte. (5) Trotzdem gab es außerhalb der Verschwörung einige Leute, die anfangs zu Catilina abreisten. Unter ihnen befand sich Fulvius, der Sohn eines Senators, den sein Vater von seinem Weg zurückholen und töten ließ.

(6) Zur selben Zeit hetzte Lentulus in Rom Catilinas Anweisungen entsprechend alle auf, die er charakterlich oder wegen ihrer persönlichen Umstände für eine Revolution geeignet fand, entweder selbst oder durch andere, aber

solum civis, sed quoiusque modi genus hominum, quod modo bello usui foret. **40** (1) Igitur P. Umbreno quoidam negotium dat, uti legatos Allobrogum requirat eosque, si possit, inpellat ad societatem belli, existumans publice privatimque aere alieno oppressos, praeterea quod natura gens Gallica bellicosa esset, facile eos ad tale consilium adduci posse. (2) Umbrenus, quod in Gallia negotiatus erat, plerisque principibus civitatium notus erat atque eos noverat. Itaque sine mora, ubi primum legatos in foro conspexit, percontatus pauca de statu civitatis et quasi dolens eius casum requirere coepit, quem exitum tantis malis sperarent. (3) Postquam illos videt queri de avaritia magistratuum, accusare senatum, quod in eo auxili nihil esset, miseriis suis remedium mortem expectare, »at ego« inquit »vobis, si modo viri esse voltis, rationem ostendam, qua tanta ista mala effugiatis«. (4) Haec ubi dixit, Allobroges in maxumam spem adducti Umbrenum orare, ut sui misereretur: Nihil tam asperum neque tam difficile esse, quod non cupidissume facturi essent, dum ea res civitatem aere alieno liberaret. (5) Ille eos in domum D. Bruti perducit, quod foro propinqua erat neque aliena consili propter Semproniam; nam tum Brutus ab Roma aberat. (6) Praeterea Gabinium arcessit, quo maior auctoritas sermoni inesset. Eo praesente

nicht nur Bürger, sondern auch Menschen von jeder Sorte, wenn sie nur nützlich für den Krieg wären. **40** (1) Also gab er jemandem namens Publius Umbrenus den Auftrag, die Botschafter der Allobroger zu besuchen und sie wenn möglich zu einem Kriegsbündnis zu bewegen. Er glaubte nämlich, dass er sie leicht zu einem solchen Entschluss bringen könne, da sie unter erdrückenden staatlichen und privaten Schulden litten und weil das gallische Volk außerdem von Natur aus kriegerisch veranlagt war. (2) Da Umbrenus in Gallien geschäftlich tätig war, war er den meisten Stammeschefs bekannt, und auch er kannte sie. Sobald er die Botschafter auf dem Forum sah, erkundigte er sich deshalb sofort ein wenig über die Lage ihres Stammes, und als ob ihm dessen Unglück leidtäte, fing er an nachzufragen, auf was für ein Ende sie für ihre großen Probleme hofften. (3) Als er begriff, dass sie sich über die Raffgier der Beamten beklagten und über den Senat beschwerten, weil es bei ihm keine Hilfe gebe, und dass sie als Abhilfe für ihr Elend nur auf den Tod warteten, sagte er zu ihnen: »Ich dagegen werde euch einen Weg zeigen, wie ihr aus euren schweren Problemen herauskommen könnt, wenn ihr nur Männer sein wollt.« (4) Nach diesen Worten baten die Allobroger in größter Hoffnung, er solle Mitleid mit ihnen haben: Nichts sei so mühsam und nichts so schwierig, dass sie es nicht mit Begeisterung tun würden, wenn es ihren Stamm nur von den Schulden befreie. (5) Er brachte sie in das Haus des Decimus Brutus, weil es nahe beim Forum lag und für den Putschplan wegen Sempronia nicht ungünstig war; Brutus war damals nämlich nicht in Rom. (6) Außerdem ließ er Gabinius holen, um dem Gespräch mehr Gewicht zu verleihen.[31] Als dieser da war, verriet er ihnen die Verschwö-

coniurationem aperit, nominat socios, praeterea multos quoiusque generis innoxios, quo legatis animus amplior esset. Deinde eos pollicitos operam suam domum dimittit.

41 (1) Sed Allobroges diu in incerto habuere, quidnam consili caperent. (2) In altera parte erat aes alienum, studium belli, magna merces in spe victoriae; at in altera maiores opes, tuta consilia, pro incerta spe certa praemia. (3) Haec illis volventibus tandem vicit fortuna rei publicae. (4) Itaque Q. Fabio Sangae, quoius patrocinio civitas plurumum utebatur, rem omnem, uti cognoverant, aperiunt. (5) Cicero per Sangam consilio cognito legatis praecipit, ut studium coniurationis vehementer simulent, ceteros adeant, bene polliceantur dentque operam, uti eos quam maxume manufestos habeant.

42 (1) Isdem fere temporibus in Gallia citeriore atque ulteriore, item in agro Piceno, Bruttio, Apulia motus erat. (2) Namque illi, quos ante Catilina dimiserat, inconsulte ac veluti per dementiam cuncta simul agebant. Nocturnis consiliis, armorum atque telorum portationibus, festinando, agitando omnia plus timoris quam periculi effecerant. (3) Ex eo numero compluris Q. Metellus Celer praetor ex senatus consulto causa cognita in vincula coniecerat, item

rung, nannte die Teilnehmer, außerdem noch viele Unbeteiligte jeden Standes, um den Botschaftern mehr Mut zu machen. Darauf entließ er sie nach Hause, nachdem sie ihre Hilfe versprochen hatten. **41** (1) Die Allobroger waren sich lange im Zweifel darüber, welchen Entschluss sie denn fassen sollten. Auf der einen Seite standen ihre Schulden, ihre Begeisterung für den Krieg und ein hoher Lohn in der Hoffnung auf einen Sieg. (2) Auf der anderen Seite waren dagegen die größeren Ressourcen, risikolose Maßnahmen und anstelle der unsicheren Hoffnung sichere Belohnungen. (3) Bei der Abwägung dieser Alternativen gewann das Glück unseres Staates die Oberhand. (4) Daher verrieten sie dem Quintus Fabius Sanga, dessen Patronat ihr Stamm meistens in Anspruch nahm, den ganzen Fall, wie sie Kenntnis davon bekommen hatten. (5) Als Cicero durch Sanga von dem Plan erfahren hatte, gab er den Botschaftern die Anweisung, heftige Begeisterung für die Verschwörung vorzutäuschen, zu den Übrigen hinzugehen, große Versprechungen zu machen und sich darum zu bemühen, diese Leute so weit wie möglich zu überführen.

42 (1) Etwa um dieselbe Zeit entstand in Gallien diesseits und jenseits der Alpen sowie im Picenerland, in Bruttium und Apulien ein Aufruhr. (2) Denn die Männer, die Catilina vorher losgeschickt hatte, betrieben unüberlegt und wie im Wahn alles gleichzeitig. Durch Beratungen in der Nacht, durch den Transport von Waffen und Geschossen, durch hektische Betriebsamkeit bei allen Dingen verursachten sie mehr Furcht als tatsächliche Gefahr. (3) Mehrere aus dieser Gruppe hatte der Prätor Quintus Metellus Celer aufgrund des Senatsbeschlusses nach richterlicher Untersuchung des Falles ins Gefängnis werfen lassen, genauso machte es

in citeriore Gallia C. Murena, qui ei provinciae legatus praeerat.

43 (1) At Romae Lentulus cum ceteris, qui principes coniurationis erant, paratis – ut videbatur – magnis copiis constituerant, uti, quom Catilina in agrum †Faesulanum† cum exercitu venisset, L. Bestia tribunus plebis contione habita quereretur de actionibus Ciceronis bellique gravissumi invidiam optumo consuli inponeret: Eo signo proxuma nocte cetera multitudo coniurationis suom quodque negotium exsequeretur. (2) Sed ea divisa hoc modo dicebantur: Statilius et Gabinius uti cum magna manu duodecim simul opportuna loca urbis incenderent, quo tumultu facilior aditus ad consulem ceterosque, quibus insidiae parabantur, fieret; Cethegus Ciceronis ianuam obsideret eumque vi adgrederetur; alius autem alium, sed filii familiarum, quorum ex nobilitate maxuma pars erat, parentis interficerent; simul caede et incendio perculsis omnibus ad Catilinam erumperent. (3) Inter haec parata atque decreta Cethegus semper querebatur de ignavia sociorum: Illos dubitando et dies prolatando magnas opportunitates conrumpere; facto, non consulto in tali periculo opus esse, seque, si pauci adiuvarent, languentibus aliis impetum in curiam facturum.

Gaius Murena im diesseitigen Gallien, der diese Provinz als Legat verwaltete.

43 (1) Da aber in Rom vermeintlich große Truppen bereitstanden, hatte Lentulus mit den anderen Köpfen der Verschwörung beschlossen, der Tribun Lucius Brutus solle eine Volksversammlung abhalten, sobald Catilina mit seinem Heer in das Gebiet von Faesulae[32] gekommen sei, sich auf dieser über die Maßnahmen Ciceros beklagen und die Verbitterung über den so schlimmen Krieg auf den ehrenwertesten Konsul schieben; auf dieses Zeichen hin solle in der nächsten Nacht der übrige Haufen der Verschwörer jeweils seine Aufgabe erledigen. (2) Diese sollen aber folgendermaßen verteilt worden sein: Statilius und Gabinius sollten mit einem großen Trupp an zwölf strategisch günstigen Orten in der Stadt gleichzeitig Brände legen, damit man sich in dem dadurch entstandenen Chaos leichter Zugang zum Konsul und zu den Übrigen verschaffen könne, auf die Attentate geplant waren. Cethegus solle den Eingang zu Ciceros Haus besetzen und ihn gewaltsam angreifen. Jeder sollte aber einen anderen umbringen, die Söhne jedoch, die noch unter der Aufsicht ihrer Väter standen – die meisten von ihnen stammten aus dem Adel –, sollten ihre Eltern töten. Wenn sie alles durch Mord und Brandstiftung zerschlagen hätten, sollten sie zu Catilina durchbrechen. (3) Während dieser Vorbereitungen und Beschlüsse beschwerte sich Cethegus ständig über die Feigheit seiner Komplizen: Mit ihrem Zögern und den Terminverschiebungen würden sie große Gelegenheiten verspielen. Eine Tat und nicht eine Beratung sei notwendig in einer so kritischen Situation, und er werde, wenn nur ein paar helfen würden, trotz der anderen Schwächlinge einen

(4) Natura ferox, vehemens, manu promptus erat, maxumum bonum in celeritate putabat.

44 (1) Sed Allobroges ex praecepto Ciceronis per Gabinium ceteros conveniunt. Ab Lentulo, Cethego, Statilio, item Cassio postulant ius iurandum, quod signatum ad civis perferant: Aliter haud facile eos ad tantum negotium inpelli posse. (2) Ceteri nihil suspicantes dant, Cassius semet eo brevi venturum pollicetur ac paulo ante legatos ex urbe proficiscitur. (3) Lentulus cum iis T. Volturcium quendam Crotoniensem mittit, ut Allobroges, prius quam domum pergerent, cum Catilina data atque accepta fide societatem confirmarent. (4) Ipse Volturcio litteras ad Catilinam dat, quarum exemplum infra scriptum est:

(5) »Qui sim, ex eo, quem ad te misi, cognosces. Fac cogites, in quanta calamitate sis, et memineris te virum esse. Consideres, quid tuae rationes postulent. Auxilium petas ab omnibus, etiam ab infumis.«

(6) Ad hoc mandata verbis dat: Quom ab senatu hostis iudicatus sit, quo consilio servitia repudiet? In urbe parata esse, quae iusserit. Ne cunctetur ipse propius adcedere.

45 (1) His rebus ita actis, constituta nocte, qua proficiscerentur, Cicero per legatos cuncta edoctus L. Valerio Flacco

Angriff auf die Kurie starten. (4) Er war von Natur aus wild, hitzköpfig, ständig bereit zu handeln und meinte, sein größter Vorteil liege in der Schnelligkeit.

44 (1) Die Allobroger aber kamen nach Ciceros Anweisung durch Vermittlung von Gabinius mit den anderen zusammen. Von Lentulus, Cethegus, Statilius sowie auch von Cassius verlangten sie eine durch Eid bekräftigte Bestätigung, die sie ihren Mitbürgern versiegelt überbringen wollten: Sonst könnten sie sie nicht leicht zu einer so schwerwiegenden Unternehmung bewegen. (2) Die anderen gaben sie nichts ahnend ab, Cassius versprach, in Kürze selbst dorthin zu kommen, und reiste kurz vor den Botschaftern aus der Stadt ab. (3) Lentulus schickte einen Mann namens Titus Volturcius aus Croton mit ihnen, damit die Allobroger vor ihrer Weiterreise nach Hause ihr Bündnis mit Catilina durch eine gegenseitige Garantie bekräftigen konnten. (4) Er selbst gab Volturcius einen Brief an Catilina, von dem nun eine Abschrift folgt:

(5) »Wer ich bin, erfährst du von dem, den ich zu dir geschickt habe. Denke daran, in was für einer Notlage du dich befindest, und erinnere dich daran, dass du ein Mann bist! Überlege, was deine Interessen erfordern. Bitte alle um Hilfe, auch die Niedrigsten!«[33]

(6) Dazu gab er einen mündlichen Auftrag: Mit welcher Absicht lehne er die Sklaven ab, obwohl er vom Senat zum Staatsfeind erklärt worden sei? In der Stadt sei bereit, was er befohlen habe. Er solle selbst nicht zögern, näher heranzukommen.

45 (1) Nachdem sie dies so besprochen und die Nacht für die Abreise bestimmt hatten,[34] erfuhr Cicero durch die Botschafter alles und befahl den Prätoren Lucius Valerius

et C. Pomptino praetoribus imperat, ut in ponte Mulvio per insidias Allobrogum comitatus deprehendant. Rem omnem aperit, quoius gratia mittebantur; cetera, uti facto opus sit, ita agant, permittit. (2) Illi, homines militares, sine tumultu praesidiis conlocatis, sicuti praeceptum erat, occulte pontem obsidunt. (3) Postquam ad id loci legati cum Volturcio venerunt et simul utrimque clamor exortus est, Galli cito cognito consilio sine mora praetoribus se tradunt, (4) Volturcius primo cohortatus ceteros gladio se a multitudine defendit, deinde, ubi a legatis desertus est, multa prius de salute sua Pomptinum obtestatus, quod ei notus erat, postremo timidus ac vitae diffidens velut hostibus sese praetoribus dedit.

46 (1) Quibus rebus confectis omnia propere per nuntios consuli declarantur. (2) At illum ingens cura atque laetitia simul occupavere. Nam laetabatur intellegens coniuratione patefacta civitatem periculis ereptam esse; porro autem anxius erat dubitans, in maxumo scelere tantis civibus deprehensis quid facto opus esset: Poenam illorum sibi oneri, inpunitatem perdundae rei publicae fore credebat. (3) Igitur confirmato animo vocari ad sese iubet Lentulum, Cethegum, Statilium, Gabinium itemque Caeparium Terracinensem, qui in Apuliam ad concitanda servitia proficisci parabat. (4) Ceteri sine mora veniunt; Caeparius paulo

Flaccus und Gaius Pomptinus, den Allobrogern und ihrer Begleitung an der Mulvischen Brücke eine Falle zu stellen und sie gefangen zu nehmen. Er verriet ihnen das Ganze, wozu sie geschickt wurden. Ansonsten gab er ihnen freie Hand, das Nötige zu tun. (2) Als erfahrene Soldaten stellten diese ohne Aufsehen ihre Posten auf und besetzten wie befohlen heimlich die Brücke. (3) Als die Botschafter mit Volturcius zu dieser Stelle gekommen waren und gleichzeitig auf beiden Seiten ein Geschrei entstand, durchschauten die Gallier schnell den Plan und ergaben sich unverzüglich den Prätoren. (4) Volturcius trieb zunächst die anderen an und wehrte sich gegen die Überzahl mit dem Schwert. Als er sich dann von den Botschaftern im Stich gelassen sah, flehte er Pomptinus erst dringend um seine Leben an, da er ein Bekannter von ihm war, und ergab sich schließlich ängstlich und ohne Hoffnung für sein Leben den Prätoren wie Feinden.

46 (1) Als es vorbei war, wurde dem Konsul alles schleunigst durch Boten gemeldet. (2) Diesen ergriff aber gleichzeitig riesige Sorge und Freude. Denn er freute sich, weil er begriff, dass die Verschwörung aufgedeckt und der Staat aus den Gefahren gerettet war. Dann war er wieder besorgt, weil er unentschlossen war, was zu tun sei, nachdem so einflussreiche Bürger bei dem schwerwiegendsten Verbrechen ertappt worden waren: Ihre Bestrafung würde ihm nach seiner Meinung zur Last gelegt, Straffreiheit für sie zum Ruin des Staates führen. (3) Also beruhigte er sich und ließ Lentulus, Cethegus, Statilius, Gabinius sowie auch Caeparius aus Terracina zu sich rufen. Dieser war eben dabei, nach Apulien abzureisen, um dort die Sklaven aufzuhetzen. (4) Die Übrigen kamen unverzüglich. Caeparius

ante domo egressus cognito indicio ex urbe profugerat. (5) Consul Lentulum, quod praetor erat, ipse manu tenens in senatum perducit, reliquos cum custodibus in aedem Concordiae venire iubet. (6) Eo senatum advocat magnaque frequentia eius ordinis Volturcium cum legatis introducit, Flaccum praetorem scrinium cum litteris, quas a legatis acceperat, eodem adferre iubet. **47** (1) Volturcius interrogatus de itinere, de litteris, postremo quid aut qua de causa consili habuisset, primo fingere alia, dissimulare de coniuratione; post ubi fide publica dicere iussus est, omnia, uti gesta erant, aperit docetque se paucis ante diebus a Gabinio et Caepario socium adscitum nihil amplius scire quam legatos, tantummodo audire solitum ex Gabinio P. Autronium, Ser. Sullam, L. Vargunteium, multos praeterea in ea coniuratione esse. (2) Eadem Galli fatentur ac Lentulum dissimulantem coarguunt praeter litteras sermonibus, quos ille habere solitus erat: Ex libris Sibyllinis regnum Romae tribus Corneliis portendi; Cinnam atque Sullam antea, se tertium esse, quoi fatum foret urbis potiri; praeterea ab incenso Capitolio illum esse vigesumum annum, quem saepe ex prodigiis haruspices respondissent bello civili cruentum fore. (3) Igitur perlectis litteris, quom prius omnes signa sua cognovissent, senatus decernit, uti abdicato ma-

hatte kurz vorher sein Haus verlassen und war aus der Stadt geflohen, als er von dem Verrat erfahren hatte. (5) Der Konsul führte Lentulus an der Hand in den Senat, weil dieser Prätor war, die anderen ließ er unter Bewachung in den Tempel der Concordia kommen. (6) Dorthin berief er den Senat ein und führte im voll besetzten Rat den Volturcius mit den Botschaftern vor; er ließ den Prätor Flaccus eine Schachtel mit den Briefen, die er von den Botschaftern bekommen hatte, auch dorthin bringen. 47 (1) Man befragte Volturcius über seine Reise, über die Briefe und überhaupt was er vorhatte und warum. Zuerst machte er Ausflüchte und leugnete die Verschwörung; als man ihm danach Straffreiheit zusicherte und ihn seine Aussage machen ließ, verriet er, wie alles vor sich gegangen war, und erklärte, er sei erst wenige Tage vorher von Gabinius und Caeparius als Komplize aufgenommen worden und er wisse nicht mehr als die Botschafter. Er habe nur von Gabinius öfters gehört, dass Publius Autronius, Servius Sulla, Lucius Vargunteius und außerdem noch viele mehr zu dieser Verschwörung gehörten. (2) Die Gallier sagten dasselbe aus und überführten Lentulus, der alles leugnete, neben seinem Brief noch durch Äußerungen, die er immer wieder gemacht hatte: Laut den sibyllinischen Büchern[35] werde drei Corneliern die Herrschaft über Rom prophezeit. Cinna und Sulla seien es vorher gewesen, und er sei nun der dritte, dem das Schicksal vorherbestimmt sei, die Macht über die Stadt zu gewinnen. Außerdem sei nun das zwanzigste Jahr seit dem Brand des Kapitols. Dieses werde wegen eines Bürgerkrieges blutig, hätten die Opferpriester[36] aufgrund von Vorzeichen oft prophezeit. (3) Man las die Briefe vor, nachdem vorher alle ihr Siegel anerkannt hatten, und folglich ent-

gistratu Lentulus itemque ceteri in liberis custodiis habeantur. (4) Itaque Lentulus P. Lentulo Spintheri, qui tum aedilis erat, Cethegus Q. Cornificio, Statilius C. Caesari, Gabinius M. Crasso, Caeparius – nam is paulo ante ex fuga retractus erat – Cn. Terentio senatori traduntur.

48 (1) Interea plebs coniuratione patefacta, quae primo cupida rerum novarum nimis bello favebat, mutata mente Catilinae consilia execrari, Ciceronem ad caelum tollere: Veluti ex servitute erepta gaudium atque laetitiam agitabat. (2) Namque alia belli facinora praedae magis quam detrimento fore, incendium vero crudele, inmoderatum ac sibi maxume calamitosum putabat, quippe quoi omnes copiae in usu cottidiano et cultu corporis erant.

(3) Post eum diem quidam L. Tarquinius ad senatum adductus erat, quem ad Catilinam proficiscentem ex itinere retractum aiebant. (4) Is quom se diceret indicaturum de coniuratione, si fides publica data esset, iussus a consule, quae sciret, edicere eadem fere quae Volturcius de paratis incendiis, de caede bonorum, de itinere hostium senatum docet; praeterea se missum a M. Crasso, qui Catilinae nuntiaret, ne eum Lentulus et Cethegus aliique ex coniuratione

schied der Senat, dass Lentulus von seinem Amt zurücktreten und ebenso wie die anderen unter Hausarrest[37] gestellt werden solle. (4) Daher wurde Lentulus dem damaligen Ädil Lentulus Spinther, Cethegus dem Quintus Cornificius, Statilius dem Gaius Caesar, Gabinius dem Marcus Crassus und Caeparius – denn er war kurz zuvor von seiner Flucht zurückgeholt worden – dem Senator Gnaeus Terentius übergeben.

48 (1) Nach Bekanntwerden der Verschwörung hatte das einfache Volk, das in seiner revolutionären Stimmung zuerst allzu sehr für einen Krieg war, inzwischen seine Meinung geändert, verfluchte Catilinas Pläne und hob Cicero in den Himmel: Als wäre es aus der Sklaverei befreit worden, demonstrierte es seine Freude und Fröhlichkeit. (2) Denn es glaubte, dass ihnen die anderen Kriegsverbrechen zwar eher einen Vorteil als einen Verlust bringen würden, Brandstiftung aber grausam, radikal und für es selbst besonders schädlich sei, da ja sein ganzer Besitz aus Alltagsbedarf und Kleidung bestand.

(3) Am Tag darauf wurde ein Mann namens Lucius Tarquinius vor den Senat gebracht, der angeblich auf dem Weg zu Catilina von seiner Reise zurückgeholt worden war. (4) Als er sagte, er wolle Angaben zur Verschwörung machen, falls ihm Straffreiheit zugesichert werde, erhielt er vom Konsul den Befehl auszusagen, was er wisse. Er hielt dem Senat fast den gleichen Vortrag wie Volturcius zu den Vorbereitungen zur Brandstiftung, zum Mord an staatstreuen Bürgern und zum Anmarsch der Feinde: Außerdem sei er von Marcus Crassus geschickt, um Catilina zu melden, die Verhaftung von Lentulus, Cethegus und der anderen Verschwörer solle ihm keine Angst machen. Umso zü-

deprehensi terrerent, eoque magis properaret ad urbem adcedere, quo et ceterorum animos reficeret et illi facilius e periculo eriperentur. (5) Sed ubi Tarquinius Crassum nominavit, hominem nobilem, maxumis divitiis, summa potentia, alii rem incredibilem rati, pars tametsi verum existumabant, tamen quia in tali tempore tanta vis hominis magis leniunda quam exagitanda videbatur, plerique Crasso ex negotiis privatis obnoxii conclamant indicem falsum esse, deque ea re postulant, uti referatur. (6) Itaque consulente Cicerone frequens senatus decernit Tarquini indicium falsum videri eumque in vinculis retinendum neque amplius potestatem faciundam, nisi de eo indicaret, quoius consilio tantam rem esset mentitus. (7) Erant eo tempore qui existumarent indicium illud a P. Autronio machinatum, quo facilius appellato Crasso per societatem periculi reliquos illius potentia tegeret. (8) Alii Tarquinium a Cicerone inmissum aiebant, ne Crassus more suo suscepto malorum patrocinio rem publicam conturbaret. (9) Ipsum Crassum ego postea praedicantem audivi tantam illam contumeliam sibi ab Cicerone inpositam.

49 (1) Sed isdem temporibus Q. Catulus et C. Piso neque precibus neque pretio neque gratia Ciceronem inpellere potuere, uti per Allobroges aut alium indicem C. Caesar falso

giger solle er zur Stadt vorrücken, um dadurch einerseits den Übrigen wieder Mut zu machen und andererseits die Verhafteten leichter aus der Gefahr retten zu können. (5) Aber sobald Tarquinius den Crassus nannte, einen adeligen, ungeheuer reichen und sehr einflussreichen Mann, schätzten die einen die Aussage als unglaubwürdig ein, ein anderer Teil hielt sie zwar für wahr, doch fand man es angebracht, die ungeheure Macht des Mannes unter solchen Umständen lieber zu besänftigen als zu reizen. Deshalb und weil die meisten dem Crassus durch Privatgeschäfte verpflichtet waren, riefen alle zusammen, der Verräter sei ein Betrüger. Sie forderten, dass die Sache vor den Senat gebracht werde. (6) Cicero bat deshalb um eine Stellungnahme, und der voll besetzte Senat entschied, die Anzeige des Tarquinius sei offenbar falsch. Man solle ihn in Gewahrsam halten und ihm nicht weiter Gelegenheit zu einer Aussage geben, es sei denn er verrate denjenigen, auf dessen Veranlassung er eine so große Lüge geäußert habe. (7) Manche Leute glaubten damals, Publius Autronius habe diese Anzeige ausgeheckt, damit er bei einer Anklage gegen Crassus im gemeinsamen Gerichtsverfahren die Übrigen leichter durch dessen Einfluss beschützen könne. (8) Andere behaupteten, Cicero habe Tarquinius dazu angestiftet, damit Crassus nicht nach seiner Art die Verteidigung der Verbrecher übernehme und im Staat Chaos stifte. (9) Später habe ich Crassus persönlich öffentlich behaupten hören, Cicero habe ihm diese schwere Verleumdung angetan.

49 (1) Gleichzeitig konnten aber Quintus Catulus und Gaius Piso weder durch Bitten noch Bestechung noch durch Gefälligkeit Cicero dazu bringen, Gaius Caesar mithilfe der Allobroger oder eines anderen Verleumders fälsch-

nominaretur. (2) Nam uterque cum illo gravis inimicitias exercebat: Piso oppugnatus in iudicio pecuniarum repetundarum propter quoiusdam Transpadani supplicium iniustum, Catulus ex petitione pontificatus odio incensus, quod extrema aetate, maxumis honoribus usus, ab adulescentulo Caesare victus discesserat. (3) Res autem opportuna videbatur, quod is privatim egregia liberalitate, publice maxumis muneribus grandem pecuniam debebat. (4) Sed ubi consulem ad tantum facinus inpellere nequeunt, ipsi singillatim circumeundo atque ementiundo, quae se ex Volturcio aut Allobrogibus audisse dicerent, magnam illi invidiam conflaverant usque eo, ut nonnulli equites Romani, qui praesidi causa cum telis erant circum aedem Concordiae, seu periculi magnitudine seu animi mobilitate inpulsi, quo studium suom in rem publicam clarius esset, egredienti ex senatu Caesari gladio minitarentur.

50 (1) Dum haec in senatu aguntur et dum legatis Allobrogum et T. Volturcio, conprobato eorum indicio, praemia decernuntur, liberti et pauci ex clientibus Lentuli divorsis itineribus opifices atque servitia in vicis ad eum eripiundum sollicitabant, partim exquirebant duces multitudinum, qui pretio rem publicam vexare soliti erant.

licherweise zu beschuldigen. (2) Denn beide pflegten ihm gegenüber eine tiefe Feindseligkeit: Piso war von ihm in einem Schadenersatzprozess wegen der ungerechtfertigten Hinrichtung eines Transpadaners angegriffen worden, Catulus glühte infolge seiner Bewerbung um das Oberpontifikat vor Hass. Denn er war zwar sehr alt und hatte höchste Ehrenämter bekleidet, hatte sich aber trotzdem dem ziemlich jungen Caesar geschlagen geben müssen. (3) Die Gelegenheit schien günstig, weil dieser durch seine außergewöhnliche Großzügigkeit im Privatbereich und durch gigantische Veranstaltungen für das Volk beträchtliche Schulden angehäuft hatte. (4) Als sie aber den Konsul nicht zu so einer Tat bewegen konnten, machten sie persönlich die Runde von einem zum anderen und logen ihnen vor, was sie angeblich von Volturcius oder den Allobrogern gehört hätten, und stachelten dadurch großen Hass auf ihn an. Es kam so weit, dass einige römische Ritter, die bewaffnet zum Schutz um den Tempel der Concordia standen, Caesar mit ihrem Schwert bedrohten, als er die Senatssitzung verließ[38] – entweder wegen der Schwere der Gefahr oder wegen ihrer Temperamente, damit ihre Einsatzbereitschaft für den Staat umso deutlicher werde.

50 (1) Während man dies im Senat verhandelte und für die Botschafter der Allobroger und für Titus Volturcius Belohnungen beschloss, weil ihre Anzeigen bestätigt worden waren, versuchten die Freigelassenen und einige Wenige von den Klienten des Lentulus, auf verschiedenen Wegen in den Gassen der Stadt die Handwerker und die Sklaven zu seiner Befreiung aufzuhetzen. Zum Teil spürten sie die Anführer von Schlägertrupps[39] auf, die gewohnheitsmäßig gegen Geld die öffentliche Ordnung störten.

(2) Cethegus autem per nuntios familiam atque libertos suos, lectos et exercitatos, orabat in audaciam, ut grege facto cum telis ad sese inrumperent.

(3) Consul ubi ea parari cognovit, dispositis praesidiis, ut res atque tempus monebat, convocato senatu refert, quid de iis fieri placeat, qui in custodiam traditi erant. Sed eos paulo ante frequens senatus iudicaverat contra rem publicam fecisse. (4) Tum D. Iunius Silanus primus sententiam rogatus, quod eo tempore consul designatus erat, de iis, qui in custodiis tenebantur, et praeterea de L. Cassio, P. Furio, P. Umbreno, Q. Annio, si deprehensi forent, supplicium sumundum decreverat; isque postea permotus oratione C. Caesaris pedibus in sententiam Ti. Neronis iturum se dixit, quod de ea re praesidiis additis referundum censuerat. (5) Sed Caesar, ubi ad eum ventum est, rogatus sententiam a consule huiusce modi verba locutus est:

51 (1) »Omnis homines, patres conscripti, qui de rebus dubiis consultant, ab odio, amicitia, ira atque misericordia vacuos esse decet. (2) Haud facile animus verum providet, ubi illa officiunt, neque quisquam omnium lubidini simul et usui paruit. (3) Ubi intenderis ingenium, valet; si lubido

(2) Cethegus aber versuchte mittels Boten seine Sklaven und seine Freigelassenen, ausgesuchte und trainierte Männer, zu einer waghalsigen Tat zu bewegen, nämlich eine Bande zu bilden und bewaffnet zu ihm einzubrechen.

(3) Als der Konsul erfuhr, dass so etwas in Vorbereitung war, stellte er Wachposten auf, wie es Zeit und Umstände erforderten, berief den Senat ein und beantragte einen Beschluss darüber, was mit denen passieren solle, die in Arrest genommen worden waren. Kurz zuvor schon hatte die voll besetzte Versammlung das Urteil ausgesprochen, dass diese Hochverrat begangen hätten. (4) Dann wurde Decimus Iunius Silanus als Erster um seine Meinung gebeten, da er zu dieser Zeit designierter Konsul war. Er hatte gegen die, die unter Arrest standen, die Vollstreckung der Höchststrafe entschieden und außerdem gegen Lucius Cassius, Publius Furius, Publius Umbrenus und Quintus Annius, wenn sie festgenommen würden; später hatte er sich freilich durch Caesars Rede umstimmen lassen und gesagt, er hätte sich der Meinung des Tiberius Nero anschließen wollen, weil dieser beantragt hatte, diese Frage erst nach Verstärkung der Wachposten auf die Tagesordnung zu setzen. (5) Als Caesar an der Reihe war, und der Konsul ihn nach seiner Meinung fragte, sprach er wie folgt die Worte:

51 (1) »Ihr Senatoren! Für alle Leute, die sich in unübersichtlichen Situationen beraten, gehört es sich, frei zu sein von Abneigung und Sympathie, Ärger und Mitleid. (2) Das Urteilsvermögen sieht nicht leicht das Richtige voraus, wenn jene Emotionen im Weg stehen, und kein Einziger hat sich je gleichzeitig nach seinem Trieb und nach seinem wahren Vorteil gerichtet. (3) Wenn man seinen Verstand anstrengt, ist das Urteilsvermögen stark; wenn der Trieb

possidet, ea dominatur, animus nihil valet. (4) Magna mihi copia est memorandi, patres conscripti, quae reges atque populi ira aut misericordia inpulsi male consuluerint. Sed ea malo dicere, quae maiores nostri contra lubidinem animi sui recte atque ordine fecere. (5) Bello Macedonico, quod cum rege Perse gessimus, Rhodiorum civitas magna atque magnifica, quae populi Romani opibus creverat, infida et advorsa nobis fuit. Sed postquam bello confecto de Rhodiis consultum est, maiores nostri, ne quis divitiarum magis quam iniuriae causa bellum inceptum diceret, inpunitos eos dimisere. (6) Item bellis Punicis omnibus, quom saepe Carthaginienses et in pace et per indutias multa nefaria facinora fecissent, numquam ipsi per occasionem talia fecere: Magis quid se dignum foret, quam quid in illos iure fieri posset, quaerebant. (7) Hoc item vobis providendum est, patres conscripti, ne plus apud vos valeat P. Lentuli et ceterorum scelus quam vostra dignitas, neu magis irae vostrae quam famae consulatis. (8) Nam si digna poena pro factis eorum reperitur, novom consilium adprobo; sin magnitudo sceleris omnium ingenia exsuperat, iis utendum censeo, quae legibus conparata sunt.

(9) Plerique eorum, qui ante me sententias dixerunt,

vom Verstand Besitz ergreift, so herrscht der Trieb, und das Urteilsvermögen hat keinerlei Einfluss. (4) Ich könnte eine Menge Entscheidungen erwähnen, ihr Senatoren, die Könige und Völker aus Ärger oder Mitleid schlecht für sich gefällt haben. Aber ich möchte lieber Beschlüsse nennen, die unsere Vorfahren gegen ihren innerlichen Impuls korrekt und angemessen gefasst haben. (5) Im Makedonischen Krieg, den wir mit König Perseus geführt haben,[40] verhielt sich die mächtige und prächtige Polis Rhodos, die mit der Unterstützung des römischen Volkes groß geworden war, uns gegenüber untreu und feindselig. Als man aber nach Beendigung des Krieges über Rhodos beriet, ließen unsere Vorfahren sie ungestraft davonkommen, damit niemand sagen konnte, sie hätten den Krieg eher zur Bereicherung als wegen eines Rechtsbruchs begonnen.[41] (6) Ebenso war es in allen Punischen Kriegen:[42] Obwohl die Karthager sowohl im Frieden als auch bei Waffenstillstand oft eine Menge verbrecherische Taten begingen, haben sie selbst bei günstiger Gelegenheit nie das Gleiche getan: Sie fragten eher, was ihrer würdig sei, als was man gegen jene mit Recht tun könne.[43] (7) Ebenso müsst ihr dafür sorgen, ihr Senatoren, dass für euch nicht das Verbrechen des Lentulus und der anderen mehr Bedeutung hat als eure Würde und dass ihr nicht mehr auf euren Ärger achtet als auf euren guten Ruf. (8) Denn wenn man eine angemessene Strafe für die Taten dieser Leute findet, so stimme ich dem beispiellosen Beschluss zu; wenn aber die Schwere des Verbrechens die Phantasie aller übersteigt, so beantrage ich, das anzuwenden, was durch die Gesetze bestimmt ist.[44]

(9) Die meisten von denen, die vor mir ihre Meinung ge-

conposite atque magnifice casum rei publicae miserati sunt. Quae belli saevitia esset, quae victis adciderent, enumeravere: rapi virgines, pueros; divelli liberos a parentum conplexu; matres familiarum pati, quae victoribus conlubuissent; fana atque domos spoliari; caedem, incendia fieri; postremo armis, cadaveribus, cruore atque luctu omnia conpleri. (10) Sed, per deos inmortalis, quo illa oratio pertinuit? An uti vos infestos coniurationi faceret? Scilicet, quem res tanta et tam atrox non permovit, eum oratio adcendet. (11) Non ita est, neque quoiquam mortalium iniuriae suae parvae videntur, multi eas gravius aequo habuere. (12) Sed alia aliis licentia est, patres conscripti. Qui demissi in obscuro vitam habent, si quid iracundia deliquere, pauci sciunt, fama atque fortuna eorum pares sunt; qui magno imperio praediti in excelso aetatem agunt, eorum facta cuncti mortales novere. (13) Ita in maxuma fortuna minuma licentia est; neque studere neque odisse, sed minume irasci decet; (14) quae apud alios iracundia dicitur, ea in imperio superbia atque crudelitas appellatur. (15) Equidem ego sic existumo, patres conscripti, omnis cruciatus minores quam facinora illorum esse. Sed plerique mortales

sagt haben, haben in gediegener und prachtvoller Rede das Unglück des Staates beklagt. Sie haben aufgezählt, was die Grausamkeit des Krieges ist und was den Besiegten zustößt: Junge Frauen und Knaben würden beraubt; kleine Kinder würden aus den Armen ihrer Eltern gerissen; Mütter von Familien müssten sich gefallen lassen, was den Siegern gefällt; Heiligtümer und Privathäuser würden geplündert; Mord und Brandstiftung würden stattfinden, und schließlich würde alles mit Gewalt, Leichen, Blut und Wehklage erfüllt. (10) Aber, bei den unsterblichen Göttern, welchen Zweck hatte diese Rede? Etwa uns zu Gegnern der Verschwörung zu machen? Natürlich, wen ein so krasser und schrecklicher Fall nicht aufregt, den wird die Rede zum Kochen bringen. (11) Nein, keinem Menschen erscheint selbst erlittenes Unrecht unbedeutend, viele nehmen es allzu schwer. (12) Aber für jeden ist der Handlungsspielraum unterschiedlich groß, ihr Senatoren. Wenn Leute, die ihr Leben bescheiden in der Dunkelheit führen, aus Jähzorn irgendein Verbrechen begehen, so wissen nur wenige davon, ihr Ruf und ihre Stellung sind gleich. Wenn Leute aber mit großer Machtfülle ausgestattet sind und ihr Leben in einer hohen Stellung verbringen, deren Taten kennt alle Welt. (13) So ist der Spielraum in der höchsten Stellung am geringsten; für sie gehört sich weder Voreingenommenheit noch Hass, am wenigsten aber Zorn. (14) Was man bei anderen Jähzorn nennt, bezeichnet man in einer Machtposition als Arroganz und Grausamkeit. (15) Ich persönlich bin folgender Meinung, ihr Senatoren, dass sämtliche Foltern für die Straftaten dieser Menschen zu wenig sind. Aber die meisten Menschen erinnern sich nur an das Ergebnis und vergessen bei gewissenlosen Ker-

postrema meminere et in hominibus inpiis sceleris eorum obliti de poena disserunt, si ea paulo severior fuit.

(16) D. Silanum, virum fortem atque strenuom, certo scio, quae dixerit, studio rei publicae dixisse, neque illum in tanta re gratiam aut inimicitias exercere: Eos mores eamque modestiam viri cognovi. (17) Verum sententia eius mihi non crudelis – quid enim in talis homines crudele fieri potest? – sed aliena a re publica nostra videtur. (18) Nam profecto aut metus aut iniuria te subegit, Silane, consulem designatum genus poenae novom decernere. (19) De timore supervacuaneum est disserere, quom praesertim diligentia clarissumi viri consulis tanta praesidia sint in armis. (20) De poena possum equidem dicere, id quod res habet, in luctu atque miseriis mortem aerumnarum requiem, non cruciatum esse; eam cuncta mortalium mala dissolvere; ultra neque curae neque gaudio locum esse. (21) Sed, per deos inmortalis, quam ob rem in sententiam non addidisti, uti prius verberibus in eos animadvorteretur? (22) An quia lex Porcia vetat? At aliae leges item condemnatis civibus non animam eripi, sed exilium permitti iubent. (23) An quia gravius est verberari quam necari? Quid autem acerbum aut nimis grave est in homines tanti facinoris con-

len ihr Verbrechen, diskutieren aber über ihre Strafe, wenn sie nur etwas zu streng ausfiel.

(16) Von Decimus Silanus, einem tatkräftigen und energischen Mann, weiß ich bestimmt, dass er das, was er gesagt hat, in seiner Bemühung für unseren Staat gesagt hat und er nicht in einer so wichtigen Sache seine Sympathie oder Antipathie äußert. Ich kenne den Charakter und die Selbstbeherrschung dieses Mannes. (17) Seine Meinung erscheint mir aber nicht grausam – denn welche Maßnahme gegen solche Menschen könnte grausam sein –, sondern im Widerspruch zu unserer staatlichen Verfassung. (18) Denn sicherlich hat dich entweder die bedrohliche Lage oder die Verletzung deines Rechtsgefühls dazu gebracht, Silanus, als designierter Konsul auf die beispiellose Art von Strafe zu erkennen.[45] (19) Es ist überflüssig, über Furcht zu sprechen, da besonders durch die Umsicht unseres glänzenden Konsuls so viele Wachposten unter Waffen stehen. (20) Zum Thema Strafe kann ich persönlich sagen, wie sich die Sache verhält, dass nämlich bei Trauer und Elend der Tod ein Ausruhen von den Mühseligkeiten ist, keine Folter; er löst alle Leiden der Menschen auf. Auf der anderen Seite finden weder Sorge noch Freude statt.[46] (21) Aber warum, bei den unsterblichen Göttern, hast du zu deiner Stellungnahme nicht hinzugesetzt, dass sie vorher mit Peitschenschlägen bestraft werden sollten? (22) Etwa weil es das Gesetz des Porcius verbietet?[47] Aber andere Gesetze ordnen genauso an, man solle verurteilten Bürgern nicht das Leben nehmen, sondern den Gang ins Exil gestatten. (23) Oder etwa, weil es schlimmer ist, gepeitscht als getötet zu werden? Was kann aber hart oder allzu heftig gegen Leute sein, die einer so krassen Straftat überführt sind?

victos? (24) Sin quia levius est, qui convenit in minore negotio legem timere, quom eam in maiore neglegeris?

(25) At enim quis reprehendet, quod in parricidas rei publicae decretum erit? Tempus, dies, fortuna, quoius lubido gentibus moderatur. (26) Illis merito adcidet quicquid evenerit; ceterum vos, patres conscripti, quid in alios statuatis, considerate. (27) Omnia mala exempla ex rebus bonis orta sunt. Sed ubi imperium ad ignaros eius aut minus bonos pervenit, novom illud exemplum ab dignis et idoneis ad indignos et non idoneos transfertur. (28) Lacedaemonii devictis Atheniensibus triginta viros inposuere, qui rem publicam eorum tractarent. (29) Ii primo coepere pessumum quemque et omnibus invisum indemnatum necare: Ea populus laetari et merito dicere fieri. (30) Post ubi paulatim licentia crevit, iuxta bonos et malos lubidinose interficere, ceteros metu terrere: (31) Ita civitas servitute oppressa stultae laetitiae gravis poenas dedit. (32) Nostra memoria victor Sulla quom Damasippum et alios eius modi, qui malo rei publicae creverant, iugulari iussit, quis non factum eius laudabat? Homines scelestos et factiosos, qui seditionibus rem publicam exagitaverant, merito necatos

(24) Wenn du das aber nicht hinzugefügt hast, weil es so eine leichtere Strafe ist, wie passt es dann, dass du das Gesetz in einem unwichtigeren Fall respektierst, während du es in einem wichtigeren Fall ignorierst?[48]

(25) Wer wird denn aber das kritisieren, worauf man gegen die Hochverräter erkannt hat?[49] Die Umstände, die Zeit und das Schicksal, dessen Laune die Völker regiert. (26) Wie der Beschluss auch aussieht, er geschieht diesen Leuten zu Recht. Überlegt euch allerdings, ihr Senatoren, was ihr damit gegen andere entscheidet! (27) Alle schlechten Beispiele sind aus guten Präzedenzfällen entstanden. Sobald aber auch die Macht an Leute gerät, die den Fall nicht kennen oder die weniger rechtschaffen sind, wird diese beispiellose Strafe von Leuten, für die sie verdient und angemessen ist, auf Leute übertragen, für die sie unverdient und unangemessen ist. (28) Als die Spartaner Athen besiegt hatten, setzten sie dreißig Männer ein, die den Staat regieren sollten. (29) Diese begannen zunächst damit, dass sie die schlimmsten und bei allen verhassten Leute ohne Gerichtsverhandlung umbringen ließen. Das Volk freute sich darüber und sagte, das geschehe zu Recht. (30) Als später die Willkür allmählich wuchs, töteten sie Gute und Schlechte nach Lust und Laune ohne Unterschied und terrorisierten die Übrigen: (31) So war die Polis unter dem Druck der Unfreiheit für ihre dumme Freude schwer gestraft. (32) Als in unserer Zeit Sulla nach seinem Sieg Damasippus und andere Leute von seiner Sorte ermorden ließ, die durch das Unglück des Staates groß geworden waren, wer lobte da nicht seine Tat? Diese verbrecherischen und aufrührerischen Kerle, die durch ihre Aufstände den Staat aufgewühlt hatten, sagte man, seien zu Recht getötet

aiebant. (33) Sed ea res magnae initium cladis fuit. Nam uti quisque domum aut villam, postremo vas aut vestimentum aliquoius concupiverat, dabat operam, uti is in proscriptorum numero esset. (34) Ita illi, quibus Damasippi mors laetitiae fuerat, paulo post ipsi trahebantur, neque prius finis iugulandi fuit, quam Sulla omnis suos divitiis explevit. (35) Atque haec ego non in M. Tullio neque his temporibus vereor, sed in magna civitate multa et varia ingenia sunt. (36) Potest alio tempore, alio consule, quoi item exercitus in manu sit, falsum aliquid pro vero credi. Ubi hoc exemplo per senatus decretum consul gladium eduxerit, quis illi finem statuet aut quis moderabitur?

(37) Maiores nostri, patres conscripti, neque consili neque audaciae umquam eguere; neque illis superbia obstabat, quo minus aliena instituta, si modo proba erant, imitarentur. (38) Arma atque tela militaria ab Samnitibus, insignia magistratuum ab Tuscis pleraque sumpserunt. Postremo, quod ubique apud socios aut hostis idoneum videbatur, cum summo studio domi exsequebantur: Imitari quam invidere bonis malebant. (39) Sed eodem illo tempore Graeciae morem imitati verberibus animadvortebant in civis, de condemnatis summum supplicium sumebant. (40) Postquam res publica adolevit et multitudine civium factiones valuere, circumveniri innocentes, alia huiusce

worden. (33) Doch diese Tat war nur der Beginn eines schweren Unglücks. Denn sobald einer das Haus oder das Landgut, zuletzt sogar nur Geschirr oder Kleidung eines anderen haben wollte, bemühte er sich darum, diesen auf die Proskriptionsliste setzen zu lassen. (34) So wurden die, die sich über den Tod des Damasippus gefreut hatten, bald darauf selbst abgeführt, und das Morden fand erst ein Ende, als Sulla alle seine Anhänger mit Reichtum vollgestopft hatte. (35) Ich befürchte nun so etwas nicht bei Marcus Tullius und bei den gegenwärtigen Umständen, aber in einem großen Staat gibt es viele verschiedene Talente. (36) Zu einer anderen Zeit, unter einem anderen Konsul, der gleichfalls über ein Heer verfügt, kann etwas Falsches für richtig gehalten werden. Wenn dann ein Konsul nach dem vorliegenden Präzedenzfall aufgrund eines Senatsbeschlusses das Schwert zieht, wer wird ihm eine Grenze setzen, oder wer wird ihn bremsen?

(37) Unsere Vorfahren, ihr Senatoren, hatten nie Mangel an Durchblick oder an Courage; auch hinderte sie nicht Arroganz, eine Praxis aus dem Ausland zu kopieren, wenn sie nur etwas taugte. (38) Rüstung und Bewaffnung für Soldaten übernahmen sie von den Samniten und sehr viele Amtsabzeichen von den Etruskern. Kurz gesagt: Was ihnen überall bei ihren Verbündeten oder Feinden zweckmäßig erschien, führten sie zu Hause mit größter Hingabe aus. Sie wollten das Gute lieber kopieren als beneiden. (39) Zur selben Zeit kopierten sie aber den Brauch der Griechen[50] und bestraften Bürger mit Auspeitschen, Verurteilte mit der Todesstrafe. (40) Als der Staat gewachsen war und in der großen Masse von Bürgern politische Strömungen Einfluss gewannen und es anfing, dass Unschuldige unter

modi fieri coepere, tum lex Porcia aliaeque leges paratae sunt, quibus legibus exilium damnatis permissum est. (41) Hanc ego causam, patres conscripti, quo minus novom consilium capiamus, in primis magnam puto. (42) Profecto virtus atque sapientia maior illis fuit, qui ex parvis opibus tantum imperium fecere, quam in nobis, qui ea bene parta vix retinemus.

(43) Placet igitur eos dimitti et augeri exercitum Catilinae? Minume. Sed ita censeo: Publicandas eorum pecunias, ipsos in vinculis habendos per municipia, quae maxume opibus valent; neu quis de iis postea ad senatum referat neve cum populo agat; qui aliter fecerit, senatum existumare eum contra rem publicam et salutem omnium facturum.«

52 (1) Postquam Caesar dicundi finem fecit, ceteri verbo alius alii varie adsentiebantur. At M. Porcius Cato rogatus sententiam huiusce modi orationem habuit:

(2) »Longe alia mihi mens est, patres conscripti, quom res atque pericula nostra considero, et quom sententias nonnullorum ipse mecum reputo. (3) Illi mihi disseruisse videntur de poena eorum, qui patriae, parentibus, aris atque focis suis bellum paravere; res autem monet cavere ab illis magis quam, quid in illos statuamus, consultare. (4) Nam

Druck gerieten und anderes dieser Art passierte, richtete man das Gesetz des Porcius[51] und andere Gesetze ein, durch die verurteilten Bürgern der Gang ins Exil erlaubt wurde. (41) Dies halte ich vor allem für den Hauptgrund dafür, ihr Senatoren, keine außerordentliche Entscheidung zu treffen. (42) Natürlich hatten jene Männer, die mit geringen Mitteln ein so großes Reich geschaffen haben, größere Tatkraft und Weisheit als wir, die wir kaum bewahren können, was da gut bestellt war.

(43) Beschließen wir also sie freizulassen und Catilinas Heer zu vergrößern? Keinesfalls. Ich beantrage aber Folgendes: Ihr Vermögen soll beschlagnahmt werden, sie selbst sollen, verteilt auf die Landstädte, deren Macht am größten ist, inhaftiert werden. Und niemand soll später ihre Sache vor den Senat bringen oder mit der Volksversammlung verhandeln; missachtet das jemand, soll der Senat urteilen, dass er gegen den Staat und das Wohl aller handelt.«

52 (1) Als Caesar seine Rede beendet hatte, stimmten die Senatoren unterschiedlich dem einen oder anderen durch eine kurze Bemerkung bei. Als aber Cato um seine Meinung gebeten wurde, hielt er folgende Rede:

(2) »Ich habe eine völlig andere Ansicht, ihr Senatoren, wenn ich unsere gefährliche Lage betrachte und mir die Stellungnahmen von einigen durch den Kopf gehen lasse. (3) Diese haben, scheint mir, einen Vortrag über die Bestrafung von Leuten gehalten, die ihre Heimat und ihre Vorfahren, ihre Altäre und ihre Elternhäuser mit Krieg bedroht haben; allerdings fordert uns die Situation eher dazu auf, uns vor ihnen in Acht zu nehmen, als darüber zu beratschlagen, was für Beschlüsse wir gegen sie fassen sollen.

cetera maleficia tum persequare, ubi facta sunt; hoc nisi provideris, ne adcidat, ubi evenit, frustra iudicia inplores: Capta urbe nihil fit reliqui victis. (5) Sed, per deos inmortalis, vos ego appello, qui semper domos, villas, signa, tabulas vostras pluris quam rem publicam fecistis: Si ista, quoiuscumque modi sunt, quae amplexamini, retinere, si voluptatibus vostris otium praebere voltis, expergiscimini aliquando et capessite rem publicam. (6) Non agitur de vectigalibus neque de sociorum iniuriis: Libertas et anima nostra in dubio est.

(7) Saepenumero, patres conscripti, multa verba in hoc ordine feci, saepe de luxuria atque avaritia nostrorum civium questus sum, multosque mortalis ea causa advorsos habeo. (8) Qui mihi atque animo meo nullius umquam delicti gratiam fecissem, haud facile alterius lubidini male facta condonabam. (9) Sed ea tametsi vos parvi pendebatis, tamen res publica firma erat, opulentia neglegentiam tolerabat. (10) Nunc vero non id agitur, bonisne an malis moribus vivamus, neque quantum aut quam magnificum imperium populi Romani sit, sed haec, quoiuscumque modi videntur, nostra an nobiscum una hostium futura sint. (11) Hic mihi quisquam mansuetudinem et misericordiam nominat. Iam pridem equidem nos vera vocabula rerum

(4) Andere Untaten mag man ja verfolgen, wenn sie geschehen sind. Wenn man gegen dieses hier keine Vorsorge trifft, damit es nicht passiert, wird man umsonst um einen Gerichtsprozess betteln, wenn es eingetreten ist. Wenn die Stadt erst einmal erobert ist, bleibt den Besiegten nichts mehr übrig. (5) Aber, bei den unsterblichen Göttern, an euch appelliere ich, denen eure Häuser, eure Landgüter, eure Statuen und Gemälde immer wichtiger sind als unser Staat. Wenn ihr das Zeug – egal was es ist, woran ihr euch klammert – behalten wollt und wenn ihr euch die Freizeit für eure Hobbys verschaffen wollt, so wacht endlich auf und packt beim Staat mit an! (6) Es geht hier weder um Steuern noch um Unrecht gegen unsere Verbündeten: Unsere Freiheit und unser Leben steht auf dem Spiel.

(7) Ihr Senatoren, ich habe viele Reden in diesem Hause gehalten,[52] ich habe mich oft über das Luxusleben und die Raffgier unserer Bürger beschwert und habe deshalb viele Gegner. (8) Da ich mir selbst und meiner Neigung niemals einen Fehltritt verziehen hatte, konnte ich nicht einfach einem anderen, der sich gehen ließ, die Untaten durchgehen lassen. (9) Aber auch wenn ihr dafür nur Geringschätzung übrig hattet, blieb der Staat trotzdem stabil, unsere Machtfülle hielt eure Gleichgültigkeit aus. (10) Jetzt geht es aber nicht darum, ob wir in moralischen oder unmoralischen Zuständen leben, und auch nicht darum, wie groß oder großartig die Herrschaft des römischen Volkes ist, sondern darum, ob dies alles (wie auch immer es einem erscheinen mag) unser Eigentum sein soll oder zusammen mit uns selbst unseren Feinden gehören soll. (11) Und da schlägt mir jemand Gutmütigkeit und Mitleid vor! Schon längst haben wir allerdings die wahren Bezeichnungen für die

amisimus: Quia bona aliena largiri liberalitas, malarum rerum audacia fortitudo vocatur, eo res publica in extremo sita est. (12) Sint sane, quoniam ita se mores habent, liberales ex sociorum fortunis, sint misericordes in furibus aerari: Ne illi sanguinem nostrum largiantur et, dum paucis sceleratis parcunt, bonos omnis perditum eant.

(13) Bene et conposite C. Caesar paulo ante in hoc ordine de vita et morte disseruit, credo, falsa existumans ea, quae de inferis memorantur: Divorso itinere malos a bonis loca taetra, inculta, foeda atque formidulosa habere. (14) Itaque censuit pecunias eorum publicandas, ipsos per municipia in custodiis habendos, videlicet timens, ne, si Romae sint, aut a popularibus coniurationis aut a multitudine conducta per vim eripiantur; (15) quasi vero mali atque scelesti tantummodo in urbe et non per totam Italiam sint, aut non ibi plus possit audacia, ubi ad defendundum opes minores sunt. (16) Quare vanum equidem hoc consilium est, si periculum ex illis metuit; si in tanto omnium metu solus non timet, eo magis refert me mihi atque vobis timere. (17) Qua re quom de P. Lentulo ceterisque statuetis, pro certo habetote vos simul de exercitu Catilinae et de omnibus

Tatsachen verloren. Weil man das Verschenken von fremdem Eigentum als Großzügigkeit, die unverschämte Bereitschaft zu schlimmen Taten als Entschlossenheit bezeichnet, darum steht der Staat am Abgrund. (12) Sollen sie meinetwegen großzügig sein mit dem Vermögen unserer Verbündeten und mitleidig mit den Dieben unserer Staatskasse, da es um die Moral nun einmal so steht: Sie sollen nur nicht unser Blut verschenken und, während sie ein paar Verbrecher schonen, alle ehrenwerten Bürger zugrunde richten.

(13) Gut und gediegen hat Gaius Caesar soeben in dieser Versammlung einen Vortrag über Leben und Tod gehalten, und er hält, glaube ich, das für falsch, was man sich über die Unterwelt erzählt, dass nämlich die Bösen in entgegengesetzter Richtung zu den Guten eine ekelerregende, verwilderte, abscheuliche und grausige Gegend bewohnen. (14) Daher hat er beantragt, dass deren Vermögen beschlagnahmt und sie selbst in Landstädten inhaftiert werden sollten, offenbar weil er fürchtete, dass sie, wenn sie in Rom wären, entweder von ihren Mitverschwörern oder von einer gemieteten Bande gewaltsam befreit werden könnten. (15) Als ob es doch gerade nur in Rom und nicht in ganz Italien Halunken und Verbrecher gäbe oder Draufgängertum nicht dort mehr zustande bringen könnte, wo die Kräfte zur Gegenwehr schwächer sind. (16) Darum ist sein Plan schlichtweg sinnlos, wenn er wirklich eine Gefahr von ihnen befürchtet. Wenn er sich bei dieser großen, allgemeinen Furcht ganz allein nicht fürchtet, so habe ich umso mehr Grund, für mich und euch zu fürchten. (17) Wenn ihr über Publius Lentulus und die Übrigen einen Beschluss fasst, seid euch deshalb sicher, dass ihr gleichzeitig auch

coniuratis decernere. (18) Quanto vos adtentius ea agetis, tanto illis animus infirmior erit; si paulum modo vos languere viderint, iam omnes feroces aderunt.

(19) Nolite existumare maiores nostros armis rem publicam ex parva magnam fecisse. (20) Si ita esset, multo pulcherrumam eam nos haberemus: quippe sociorum atque civium, praeterea armorum atque equorum maior copia nobis quam illis est. (21) Sed alia fuere, quae illos magnos fecere, quae nobis nulla sunt: domi industria, foris iustum imperium, animus in consulendo liber, neque delicto neque lubidini obnoxius. (22) Pro his nos habemus luxuriam atque avaritiam, publice egestatem, privatim opulentiam; laudamus divitias, sequimur inertiam; inter bonos et malos discrimen nullum; omnia virtutis praemia ambitio possidet. (23) Neque mirum: Ubi vos separatim sibi quisque consilium capitis, ubi domi voluptatibus, hic pecuniae aut gratiae servitis, eo fit, ut impetus fiat in vacuam rem publicam.

(24) Sed ego haec omitto. Coniuravere nobilissumi cives patriam incendere, Gallorum gentem infestissumam nomini Romano ad bellum arcessunt, dux hostium cum exercitu supra caput est: (25) Vos cunctamini etiam nunc et

über Catilinas Heer und alle anderen Verschwörer mitentscheidet. (18) Je entschlossener ihr darin verfahrt, desto schwächer wird ihr Mut werden. Wenn sie euch nur ein wenig nachlassen sehen, werden sie bald wieder wild entschlossen zur Stelle sein.

(19) Glaubt nur nicht, dass unsere Vorfahren unseren Staat nur mit Waffengewalt aus kleinen Anfängen so groß gemacht haben. (20) Wenn das so wäre, so hätten wir ihn im weitaus allerschönsten Zustand: Wir haben ja eine größere Menge an Verbündeten und Bürgern, ferner an Waffen und Pferden. (21) Es war aber anderes, was sie groß gemacht hat, wovon wir nichts haben: daheim Fleiß, auswärts eine gerechte Herrschaft, bei Beratungen ein freier Geist, der nicht von Schuldbewusstsein oder von seinem Trieb abhängig war. (22) Wir haben stattdessen Verschwendungssucht und Raffgier, einen bettelarmen Staat, aber privat Prachtentfaltung. Wir loben den Reichtum und ergeben uns der Lethargie. Es besteht kein Unterschied mehr zwischen Guten und Bösen. Aller Lohn für wirkliche Tüchtigkeit ist zum Eigentum von falschem Ehrgeiz geworden. (23) Und das ist kein Wunder: Wenn jeder von euch seine Beschlüsse getrennt für sich allein fasst, wenn ihr euch zu Hause auf eure Vergnügungen, hier auf euer Geld und auf eure Beliebtheit konzentriert, passiert es eben, dass ein Angriff auf einen schutzlosen Staat geschieht.

(24) Aber ich lasse das. Mitbürger von angesehenster Abstammung haben sich verschworen, unsere Heimatstadt in Brand zu setzen; sie holen das gallische Volk, den Todfeind alles Römischen, zu diesem Krieg herbei, der Anführer der Feinde sitzt uns mit seinem Heer schon im Nacken. (25) Und ihr zögert auch jetzt noch und seid euch unschlüs-

dubitatis, quid intra moenia deprensis hostibus faciatis? (26) Misereamini censeo – deliquere homines adulescentuli per ambitionem – atque etiam armatos dimittatis: (27) Ne ista vobis mansuetudo et misericordia, si illi arma ceperint, in miseriam convortat. (28) Scilicet res ipsa aspera est, sed vos non timetis eam. Immo vero maxume. Sed inertia et mollitia animi alius alium expectantes cunctamini, videlicet dis inmortalibus confisi, qui hanc rem publicam saepe in maxumis periculis servavere. (29) Non votis neque suppliciis muliebribus auxilia deorum parantur; vigilando, agundo, bene consulendo prospere omnia cedunt. Ubi socordiae te atque ignaviae tradideris, nequiquam deos inplores: Irati infestique sunt.

(30) Apud maiores nostros A. Manlius Torquatus bello Gallico filium suom, quod is contra imperium in hostem pugnaverat, necari iussit, (31) atque ille egregius adulescens inmoderatae fortitudinis morte poenas dedit; vos de crudelissumis parricidis quid statuatis, cunctamini? Videlicet cetera vita eorum huic sceleri obstat. (32) Verum parcite dignitati Lentuli, si ipse pudicitiae, si famae suae, si dis aut hominibus umquam ullis pepercit. (33) Ignoscite Cethegi adulescentiae, nisi iterum patriae bellum fecit.

sig, was ihr mit euren Feinden machen sollt, die ihr innerhalb eurer eigenen Stadtmauern erwischt habt? (26) Habt Mitleid, beantrage ich – bedauernswerte junge Männer haben aus falschem Ehrgeiz ein Vergehen begangen –, und lasst sie sogar mit ihren Waffen laufen: (27) Hoffentlich verwandelt sich eure Gutmütigkeit und euer Mitleid nicht in euer Unglück, wenn sie ihre Waffen erheben. (28) Na klar, die Lage ist schwierig, aber ihr habt keine Angst davor. O doch, ihr habt sogar sehr große Angst. Aber in eurer geistigen Lethargie und Verweichlichung zögert ihr, der eine wartet auf den anderen, offenbar vertraut ihr auf die unsterblichen Götter, die diesen Staat schon so oft aus den schlimmsten Gefahren gerettet haben. (29) Weder durch feierliche Gelöbnisse noch durch weibisches Flehen verschafft man sich die Hilfe der Götter; durch Wachsamkeit, durch Tatkraft und durch reifliche Überlegung geht alles gut aus. Wenn man sich der Sorglosigkeit und Feigheit überlässt, fleht man die Götter vergebens an: Dann sind sie zornig und feindlich gelaunt.

(30) Zur Zeit unserer Vorfahren ließ Aulus Manlius Torquatus im Krieg gegen die Gallier seinen Sohn töten, weil er befehlswidrig gegen einen Feind gekämpft hatte, (31) und jener hervorragende junge Mann büßte seinen außer Kontrolle geratenen Mut mit dem Tod; und ihr zögert, welches Urteil ihr über völlig grausame Hochverräter fällen sollt? Offensichtlich widerspricht ja ihr übriges Leben diesem Verbrechen. (32) Ja, dann schont die Würde des Lentulus, wenn er selbst seinen Anstand, seinen guten Ruf oder irgendwelche Götter oder Menschen jemals verschont hat. (33) Verzeiht der Jugend des Cethegus, wenn er nicht schon zum zweiten Mal Krieg gegen seine Heimatstadt

(34) Nam quid ego de Gabinio, Statilio, Caepario loquar? Quibus si quicquam umquam pensi fuisset, non ea consilia de re publica habuissent. (35) Postremo, patres conscripti, si mehercule peccato locus esset, facile paterer vos ipsa re conrigi, quoniam verba contemnitis. Sed undique circumventi sumus. Catilina cum exercitu faucibus urget; alii intra moenia atque in sinu urbis sunt hostes; neque parari neque consuli quicquam potest occulte: Quo magis properandum est.

(36) Quare ego ita censeo, quom nefario consilio sceleratorum civium res publica in summa pericula venerit, iique indicio T. Volturci et legatorum Allobrogum convicti confessique sint caedem, incendia aliaque se foeda atque crudelia facinora in civis patriamque paravisse, de confessis, sicuti de manufestis rerum capitalium, more maiorum supplicium sumundum.«

53 (1) Postquam Cato adsedit, consulares omnes itemque senatus magna pars sententiam eius laudant, virtutem animi ad caelum ferunt, alii alios increpantes timidos vocant. Cato clarus atque magnus habetur; senati decretum fit, sicuti ille censuerat.

(2) Sed mihi multa legenti, multa audienti, quae populus Romanus domi militiaeque, mari atque terra praeclara faci-

führt. (34) Denn was soll ich von Gabinius, Statilius und Caeparius noch reden? Wenn ihnen jemals etwas wichtig gewesen wäre, hätten sie nicht solche Pläne mit dem Staat gehabt. (35) Wenn es schließlich, beim Herkules, Spielraum für einen Fehler gäbe, ihr Senatoren, ließe ich es gern zu, dass ihr durch den Schaden selbst klug würdet, weil ihr ja meine Worte nicht ernst nehmt. Aber wir sind auf allen Seiten in Gefahr. Catilina hat uns mit seinem Heer an der Gurgel: Andere Feinde sind innerhalb der Stadtmauern und sogar im Schoß der Stadt; nichts kann man im Geheimen vorbereiten und beraten; umso mehr müssen wir uns beeilen.

(36) Darum lautet mein Antrag folgendermaßen: Durch den gottlosen Plan dieser verbrecherischen Bürger ist der Staat in höchste Gefahr geraten. Sie selbst sind durch die Anzeigen des Titus Volturcius und der Botschafter der Allobroger überführt worden und haben gestanden, dass sie Mord, Brandstiftung und andere abscheuliche und grausame Taten vorbereitet haben. Deshalb soll an diesen Geständigen, wie an Menschen, die bei einem Kapitalverbrechen ertappt wurden, die Todesstrafe auf traditionelle Art vollzogen werden.«

53 (1) Als Cato sich gesetzt hatte, lobten alle ehemaligen Konsuln und ebenso ein großer Teil des Senates seinen Antrag. Sie hoben seine hervorragende Entschlossenheit in den Himmel, gegenseitig kritisierten sie sich heftig und nannten sich Feiglinge. Cato galt als ein glänzender und bedeutender Mann. Der Senatsbeschluss lautete so wie sein Antrag.

(2) Ich habe allerdings vieles darüber gelesen und gehört, was für glänzende Taten das römische Volk in Frieden und

nora fecit, forte lubuit adtendere, quae res maxume tanta negotia sustinuisset. (3) Sciebam saepenumero parva manu cum magnis legionibus hostium contendisse; cognoveram parvis copiis bella gesta cum opulentis regibus, ad hoc saepe fortunae violentiam toleravisse, facundia Graecos, gloria belli Gallos ante Romanos fuisse. (4) Ac mihi multa agitanti constabat paucorum civium egregiam virtutem cuncta patravisse, eoque factum, uti divitias paupertas, multitudinem paucitas superaret. (5) Sed postquam luxu atque desidia civitas conrupta est, rursus res publica magnitudine sui imperatorum atque magistratuum vitia sustentabat ac, sicuti effeta ⟨esset⟩ pariundo, multis tempestatibus haud sane quisquam Romae virtute magnus fuit. (6) Sed memoria mea ingenti virtute, divorsis moribus fuere viri duo, M. Cato et C. Caesar. Quos quoniam res obtulerat, silentio praeterire non fuit consilium, quin utriusque naturam et mores, quantum ingenio possum, aperirem.

54 (1) Igitur iis genus, aetas, eloquentia prope aequalia fuere, magnitudo animi par, item gloria, sed alia alii. (2) Caesar beneficiis ac munificentia magnus habebatur, in-

Krieg, zu Wasser und zu Lande vollbracht hat. Ganz von selbst wollte ich mich darauf konzentrieren, was so bedeutende Unternehmungen vor allem möglich gemacht hat. (3) Ich wusste, dass es oft mit einem kleinen Trupp gegen große feindliche Streitkräfte gekämpft hatte; ich hatte gelernt, dass es mit wenigen Mitteln gegen mächtige Könige Kriege geführt hatte, dass es zudem manchen Schicksalsschlag überstanden hatte und dass die Griechen die Römer in rednerischer Überzeugungskraft, die Gallier sie im Kriegsruhm übertrafen. (4) Ich überlegte viel hin und her, und es stand für mich fest, dass die außergewöhnliche Tapferkeit einzelner Bürger dies alles zustande gebracht hatte und dass es dadurch passiert war, dass Armut über den Reichtum und zahlenmäßige Unterlegenheit über eine Übermacht den Sieg errang. (5) Als aber die Bürgergemeinschaft durch Luxusleben und Faulenzerei verdorben war, hielt wiederum der Staat aufgrund seiner Größe den Fehlern seiner Feldherren und Zivilbeamten stand. Und überhaupt – als ob er durch die Geburt völlig erschöpft ⟨wäre⟩ – gab es in Rom in vielen Zeiten gar keinen für seine Tüchtigkeit bedeutenden Mann. (6) Zu meinen Lebzeiten jedoch gab es zwei Männer von ungeheurer Qualität, aber völlig unterschiedlichen Charakteren. Weil mein Thema sie mir nun einmal anbietet, hatte ich nicht die Absicht, mit Schweigen darüber hinwegzugehen, das Wesen und den Charakter der beiden zu beleuchten, soweit ich es mit meinen Fähigkeiten vermag.

54 (1) Also: Bei ihnen waren Abstammung, Alter und rhetorische Fähigkeiten beinahe gleich, sie hatten die gleiche Charakterstärke sowie auch Ruhm, aber beide unterschiedlich. (2) Caesar hielt man wegen seiner Gefälligkei-

tegritate vitae Cato. Ille mansuetudine et misericordia clarus factus, huic severitas dignitatem addiderat. (3) Caesar dando, sublevando, ignoscundo, Cato nihil largiundo gloriam adeptus est. In altero miseris perfugium erat, in altero malis pernicies. Illius facilitas, huius constantia laudabatur. (4) Postremo Caesar in animum induxerat laborare, vigilare; negotiis amicorum intentus sua neglegere, nihil denegare, quod dono dignum esset; sibi magnum imperium, exercitum, bellum novom exoptabat, ubi virtus enitescere posset. (5) At Catoni studium modestiae, decoris, sed maxume severitatis erat; (6) non divitiis cum divite neque factione cum factioso, sed cum strenuo virtute, cum modesto pudore, cum innocente abstinentia certabat; esse quam videri bonus malebat: ita, quo minus petebat gloriam, eo magis illum adsequebatur.

55 (1) Postquam, ut dixi, senatus in Catonis sententiam discessit, consul optumum factu ratus noctem, quae instabat, antecapere, ne quid eo spatio novaretur, tresviros, quae supplicium postulabat, parare iubet. (2) Ipse praesidiis

ten und seiner Freigebigkeit für einen Großen, Cato wegen seiner tadellosen Lebensführung. Ersterer war wegen seiner Sanftheit und seines Mitgefühls berühmt geworden, letzterem hatte seine Strenge die Würde vergrößert. (3) Caesar erlangte Ruhm durch Geben, Helfen und Verzeihen, Cato dadurch, dass er nichts verschenkte. Bei dem einen war ein Zufluchtsort für Unglückliche, bei dem anderen das Verderben für schlechte Menschen. Man lobte die Umgänglichkeit des einen und die Prinzipientreue des anderen. (4) Caesar hatte es sich schließlich zum Grundsatz gemacht, Tag und Nacht unermüdlich zu arbeiten, sich mit den Angelegenheiten seiner Freunde zu beschäftigen und dabei die eigenen zu vernachlässigen und nichts zu verweigern, was auch wert wäre, geschenkt zu werden; für sich ersehnte er große Macht, ein Heer und einen neuen Krieg, in dem seine Qualität hervorstrahlen konnte. (5) Cato hatte dagegen eine starke Neigung zu Selbstbeherrschung, würdigem Auftreten, besonders aber zu Strenge. (6) Er stand nicht mit dem Reichen im Wettbewerb um den Reichtum, nicht mit dem politischen Anführer um den Anhang, sondern mit dem Tatkräftigen um die Tüchtigkeit, mit dem Bescheidenen um die Zurückhaltung und mit dem Unbescholtenen um die Unbestechlichkeit. Er wollte lieber gut sein als scheinen. Je weniger er so nach Ruhm strebte, desto mehr holte ihn dieser ein.

55 (1) Nachdem, wie gesagt, der Senat Catos Antrag zugestimmt hatte, hielt der Konsul es für das Beste, die Nacht, die bevorstand, nicht abzuwarten, damit in der Zwischenzeit nicht neue Unruhen entstünden, und er ließ die drei Scharfrichter die erforderlichen Vorbereitungen für die Hinrichtung treffen. (2) Er stellte Wachposten auf und

dispositis Lentulum in carcerem deducit; idem fit ceteris per praetores. (3) Est in carcere locus, quod Tullianum appellatur, ubi paululum ascenderis ad laevam, circiter duodecim pedes humi depressus; (4) eum muniunt undique parietes atque insuper camera lapideis fornicibus iuncta; sed incultu, tenebris, odore foeda atque terribilis eius facies est. (5) In eum locum postquam demissus est Lentulus, vindices rerum capitalium, quibus praeceptum erat, laqueo gulam fregere. (6) Ita ille patricius ex gente clarissuma Corneliorum, qui consulare imperium Romae habuerat, dignum moribus factisque suis exitum [vitae] invenit. De Cethego, Statilio, Gabinio, Caepario eodem modo supplicium sumptum est.

56 (1) Dum ea Romae geruntur, Catilina ex omni copia, quam et ipse adduxerat et Manlius habuerat, duas legiones instituit, cohortis pro numero militum conplet. (2) Deinde, ut quisque voluntarius aut ex sociis in castra venerat, aequaliter distribuerat, ac brevi spatio legiones numero hominum expleverat, quom initio non amplius duobus milibus habuisset. (3) Sed ex omni copia circiter pars quarta erat militaribus armis instructa; ceteri, ut quemque casus armaverat, sparos aut lanceas, alii praeacutas sudis portabant. (4) Sed postquam Antonius cum exercitu adventabat, Catilina per montis iter facere, modo ad urbem, modo

führte dann persönlich den Lentulus ins Staatsgefängnis; dasselbe machten die Prätoren mit den anderen. (3) Im Staatsgefängnis gibt es einen Raum, vom Eingang aus ein wenig nach links hoch, der Tullianum heißt und etwa zwölf Fuß tief in den Boden eingelassen ist. (4) Er ist auf allen Seiten mit Mauern gesichert und oben mit einem steinernen Bogengewölbe. Er macht durch seine Verwahrlosung, seine Dunkelheit und seinen Gestank einen abscheulichen und schrecklichen Eindruck. (5) Nachdem man Lentulus in diesen Raum hinabgelassen hatte, erdrosselten ihn die Henker auf Befehl mit einem Strick. (6) So fand dieser Patrizier aus dem hochberühmten Geschlecht der Cornelier, der in Rom die konsularische Amtsgewalt besessen hatte, ein seines Charakters und seiner Taten würdiges Ende. An Cethegus, Statilius, Gabinius und Caeparius wurde auf dieselbe Weise die Todesstrafe vollzogen.

56 (1) Während dieser Ereignisse in Rom bildete Catilina aus der ganzen Menschenmasse, die er selbst mitgebracht und die Manlius schon gehabt hatte, zwei Legionen und füllte die Kohorten entsprechend der Zahl der Soldaten auf. (2) Danach hatte er jeden Freiwilligen oder Mitverschwörer, sobald er ins Lager gekommen war, gleichmäßig auf die Kohorten verteilt und so in kurzer Zeit die Legionen auf die volle Personenstärke ergänzt, obwohl er zu Beginn nicht mehr als zweitausend Leute zusammenhatte. (3) Von dieser ganzen Anzahl war aber nur ein Viertel mit Kriegsbewaffnung ausgerüstet. Die Übrigen trugen, wie sie eben der Zufall mit Waffen ausgestattet hatte, Jagdspieße oder Lanzen, ein Teil nur zugespitzte Pfähle. (4) Seit Antonius mit seinem Heer im Anmarsch war, marschierte Catilina durch das Gebirge, rückte bald in Richtung Hauptstadt,

Galliam vorsus castra movere, hostibus occasionem pugnandi non dare. Sperabat propediem magnas copias sese habiturum, si Romae socii incepta patravissent. (5) Interea servitia repudiabat, quoius initio ad eum magnae copiae concurrebant, opibus coniurationis fretus, simul alienum suis rationibus existumans videri causam civium cum servis fugitivis communicavisse.

57 (1) Sed postquam in castra nuntius pervenit Romae coniurationem patefactam, de Lentulo et Cethego ceterisque, quos supra memoravi, supplicium sumptum, plerique, quos ad bellum spes rapinarum aut novarum rerum studium inlexerat, dilabuntur; reliquos Catilina per montis asperos magnis itineribus in agrum Pistoriensem abducit eo consilio, uti per tramites occulte perfugeret in Galliam Transalpinam. (2) At Q. Metellus Celer cum tribus legionibus in agro Piceno praesidebat, ex difficultate rerum eadem illa existumans, quae supra diximus, Catilinam agitare. (3) Igitur ubi iter eius ex perfugis cognovit, castra propere movit ac sub ipsis radicibus montium consedit, qua illi descensus erat in Galliam properanti. (4) Neque tamen Antonius procul aberat, utpote qui magno exercitu locis aequioribus expeditos in fuga sequeretur. (5) Sed Catilina postquam videt montibus atque copiis hostium sese clausum, in urbe res advorsas, neque fugae neque praesidi

bald umgekehrt in Richtung Gallien vor und bot den Feinden keine Gelegenheit zum Kampf. Er hoffte, in naher Zukunft starke Streitkräfte zur Verfügung zu haben, wenn die Verbündeten in Rom seine Vorhaben in die Tat umgesetzt hätten. (5) Inzwischen wies er die Sklaven immer zurück, die zunächst in Scharen zu ihm geströmt waren, weil er auf die Stärke der Verschwörung vertraute. Zugleich war er der Meinung, dass es für seine Pläne offensichtlich nachteilig wäre, die Sache der Bürger mit entlaufenen Sklaven zu vermischen.

57 (1) Nachdem aber im Lager die Nachricht eingetroffen war, dass die Verschwörung in Rom aufgeflogen sei und dass an Lentulus, Cethegus und den übrigen oben Genannten die Todesstrafe vollzogen worden sei, desertierten die meisten, die die Hoffnung auf Raubzüge und die Lust auf eine Revolution zum Krieg angelockt hatte. Den Rest führte Catilina durch schroffes Gebirge in Eilmärschen in das Gebiet von Pistoria weg, mit der Absicht, auf Trampelpfaden heimlich in das Gallien jenseits der Alpen zu entkommen. (2) Aber im Gebiet von Picenum stand Quintus Metellus Celer mit drei Legionen in Bereitschaft, weil er glaubte, dass Catilina aus seiner schwierigen Lage heraus genau das eben Gesagte vorhabe. (3) Sobald er von Überläufern dessen Route erfahren hatte, brach er schnell auf und ließ sich genau am Fuße des Gebirges nieder, wo jener auf seinem Eilmarsch nach Gallien hinabsteigen musste. (4) Doch auch Antonius war nicht weit entfernt, da er mit seinem großen Heer die auf ihrer Flucht zwar nur leicht Bepackten in ebenerem Gelände verfolgen konnte. (5) Als Catilina sah, dass er von Bergen und den feindlichen Truppen eingeschlossen war, den Rückschlag in der Stadt be-

ullam spem, optumum factu ratus in tali re fortunam belli temptare, statuit cum Antonio quam primum confligere. (6) Itaque contione advocata huiusce modi orationem habuit:

58 (1) »Conpertum ego habeo, milites, verba virtutem non addere, neque ex ignavo strenuom neque fortem ex timido exercitum oratione imperatoris fieri. (2) Quanta quoiusque animo audacia natura aut moribus inest, tanta in bello patere solet. Quem neque gloria neque pericula excitant, nequiquam hortere: Timor animi auribus officit. (3) Sed ego vos, quo pauca monerem, advocavi, simul uti causam mei consili aperirem.

(4) Scitis equidem, milites, socordia atque ignavia Lentuli quantam ipsi nobisque cladem adtulerit, quoque modo, dum ex urbe praesidia opperior, in Galliam proficisci nequiverim. (5) Nunc vero quo loco res nostrae sint, iuxta mecum omnes intellegitis. (6) Exercitus hostium duo, unus ab urbe, alter a Gallia obstant; diutius in his locis esse, si maxume animus ferat, frumenti atque aliarum rerum egestas prohibet; (7) quocumque ire placet, ferro iter aperiundum est. (8) Quapropter vos moneo, uti forti atque parato animo sitis et, quom proelium inibitis, memineritis vos divitias, decus, gloriam, praeterea libertatem atque pa-

dachte und keine Hoffnung auf Flucht oder Hilfe hatte, hielt er es in einer solchen Lage für das Beste, das Kriegsglück zu versuchen, und er beschloss, so bald wie möglich das Gefecht mit Antonius zu beginnen. (6) Daher berief er eine Heeresversammlung ein und hielt folgende Rede:

58 (1) »Ich habe die Erfahrung gemacht, meine Soldaten, dass Worte keinen Mut einflößen und dass durch die Rede eines Feldherrn aus einem feigen Heer kein entschlossenes wird und aus einem ängstlichen kein tapferes. (2) Im Kampf wird normalerweise sichtbar, wie viel Schneid in jedem von Natur aus oder durch Gewöhnung steckt. Einen, den weder Ruhm noch Gefahren reizen, feuert man umsonst an: Die Furcht im Herzen verstopft die Ohren. (3) Ich habe euch aber zusammengerufen, um euch an einiges zu erinnern und um euch gleichzeitig den Grund für meinen Entschluss offenzulegen.

(4) Ihr wisst wirklich selbst, was für einen großen Schaden Lentulus durch seine Unbesonnenheit und Feigheit sich selbst und uns beschert hat und wie ich dadurch nicht nach Gallien marschieren konnte, während ich noch auf Verstärkung aus der Hauptstadt wartete. (5) An was für einem Punkt unsere Lage aber jetzt ist, begreift ihr ebenso gut wie ich. (6) Zwei feindliche Heere, eines in Richtung Stadt, das andere in Richtung Gallien, stehen uns im Weg. Unser Mangel an Verpflegung und anderen Dingen hindert uns daran, auch beim besten Willen länger in dieser Gegend zu bleiben. (7) Wohin auch immer wir uns entscheiden zu gehen, müssen wir uns den Weg mit dem Schwert bahnen. (8) Deshalb fordere ich euch auf, tapfer und kampfbereit zu sein und, wenn ihr in den Kampf geht, euch daran zu erinnern, dass ihr Reichtum, Stolz, Ruhm, außer-

triam in dextris vostris portare. (9) Si vincimus, omnia nobis tuta erunt: Conmeatus abunde, municipia atque coloniae patebunt. Si metu cesserimus, eadem illa advorsa fient, (10) neque locus neque amicus quisquam teget, quem arma non texerint. (11) Praeterea, milites, non eadem nobis et illis necessitudo inpendet: Nos pro patria, pro libertate, pro vita certamus; illis supervacuaneum est pugnare pro potentia paucorum. (12) Quo audacius adgredimini memores pristinae virtutis. (13) Licuit vobis cum summa turpitudine in exilio aetatem agere, potuistis nonnulli Romae amissis bonis alienas opes exspectare: (14) Quia illa foeda atque intoleranda viris videbantur, haec sequi decrevistis. (15) Si haec relinquere voltis, audacia opus est: Nemo nisi victor pace bellum mutavit. (16) Nam in fuga salutem sperare, quom arma, quibus corpus tegitur, ab hostibus avorteris, ea vero dementia est. (17) Semper in proelio iis maxumum est periculum, qui maxume timent: Audacia pro muro habetur.

(18) Quom vos considero, milites, et quom facta vostra aestumo, magna me spes victoriae tenet. (19) Animus, aetas, virtus vostra me hortantur, praeterea necessitudo, quae etiam timidos fortis facit. (20) Nam multitudo hostium ne circumvenire queat, prohibent angustiae loci. (21) Quod si

dem eure Freiheit und eure Heimat in eurer rechten Hand tragt. (9) Wenn wir siegen, ist für uns alles gesichert: Nachschub wird im Überfluss zugänglich sein, die Landstädte und Kolonien werden uns offenstehen; wenn wir aus Furcht zurückweichen, wird sich das alles gegen uns wenden, (10) kein Ort und kein Freund wird den schützen, den seine Waffen nicht geschützt haben. (11) Außerdem, ihr Soldaten, bedroht uns nicht die gleiche Notlage wie jene anderen: Wir kämpfen für unsere Heimat, für unsere Freiheit, für unser Leben; für jene ist es nutzlos, für die Macht einiger weniger zu kämpfen. (12) Greift also umso beherzter an und denkt an eure frühere Tapferkeit. (13) Ihr hättet euer Leben in größter Schande im Exil verbringen können; einige von euch hätten in Rom ihr Vermögen aufgeben und auf fremde Hilfe warten können. (14) Weil euch das abscheulich und für Männer unerträglich schien, habt ihr euch entschlossen, diesen Weg hier einzuschlagen. (15) Wenn ihr ihn wieder verlassen wollt, braucht ihr Schneid. Nur der Sieger tauscht Krieg mit Frieden aus. (16) Denn in der Flucht auf die Rettung zu hoffen, indem man die Waffen von den Feinden wegwendet, mit denen man seinen Körper schützt, das ist wirklich Wahnsinn. (17) Im Kampf besteht immer die größte Gefahr für die, die am meisten Angst haben; Waghalsigkeit gilt als Mauer.

(18) Wenn ich euch ansehe, ihr Soldaten, und eure Taten würdige, erfüllt mich große Hoffnung auf einen Sieg. (19) Euer Mut, euer Alter und eure Tatkraft ermutigen mich, außerdem unsere Notlage, die selbst die Ängstlichen tapfer macht. (20) Denn dass uns die Übermacht der Feinde umzingeln kann, verhindert die Enge dieser Gegend.

virtuti vostrae fortuna inviderit, cavete inulti animam amittatis, neu capti potius sicuti pecora trucidemini, quam virorum more pugnantes cruentam atque luctuosam victoriam hostibus relinquatis.«

59 (1) Haec ubi dixit, paululum conmoratus signa canere iubet atque instructos ordines in locum aequom deducit. Dein remotis omnium equis, quo militibus exaequato periculo animus amplior esset, ipse pedes exercitum pro loco atque copiis instruit. (2) Nam, uti planities erat inter sinistros montis et ab dextra rupe aspera, octo cohortis in fronte constituit, reliquarum signa in subsidio artius conlocat. (3) Ab his omnis evocatos et centuriones, praeterea ex gregariis militibus optumum quemque armatum in primam aciem subducit. C. Manlium in dextra, Faesulanum quendam in sinistra parte curare iubet. Ipse cum libertis et colonis propter aquilam adsistit, quam bello Cimbrico C. Marius in exercitu habuisse dicebatur. (4) At ex altera parte C. Antonius, pedibus aeger, quod proelio adesse nequibat, M. Petreio legato exercitum permittit. (5) Ille cohortis veteranas, quas tumulti causa conscripserat, in fronte, post eas ceterum exercitum in subsidiis locat. Ipse equo circumiens unum quemque nominans appellat, hortatur, rogat,

(21) Wenn nun das Schicksal euch um eure Tapferkeit beneidet, so sorgt dafür, dass ihr euer Leben nicht ohne Gegenwehr verliert oder eher noch gefangen und wie Vieh abgeschlachtet werdet, als dass ihr wie Männer kämpft und den Feinden einen blutigen Sieg voller Jammer hinterlasst.«

59 (1) Als er dies gesagt hatte, wartete er einen kurzen Augenblick, ließ dann das Signal blasen und führte seine Leute in Reih und Glied auf die Ebene hinab. Danach ließ er die Pferde alle entfernen, um den Mut seiner Soldaten zu erhöhen, weil nun das Risiko für alle gleich war. Er selbst stellte zu Fuß sein Heer entsprechend den örtlichen Verhältnissen und der Truppenzahl auf. (2) Denn da die Ebene zwischen Bergen links und einer Felswand zur Rechten lag, postierte er acht Kohorten in vorderster Front, die übrigen Abteilungen stellte er kompakter als Reserve auf. (3) Von allen diesen führte er die reaktivierten Veteranen und die Hauptleute, außerdem die tüchtigsten von den gut bewaffneten einfachen Soldaten in die vorderste Linie. Gaius Manlius ließ er das Kommando auf dem linken Flügel führen, einen Mann aus Faesulae auf dem rechten. Er selber stellte sich mit den Freigelassenen und den Siedlern in der Nähe des Legionsadlers auf, den Gaius Marius im Krieg gegen die Kimbern in seinem Heer geführt haben soll. (4) Auf der anderen Seite jedoch überließ Gaius Antonius, weil er wegen eines Fußleidens nicht an der Schlacht teilnehmen konnte, seinem Legaten Marcus Petreius das Kommando über sein Heer. (5) Jener stellte die kampferfahrenen Kohorten, die er wegen des Aufruhrs ausgehoben hatte, in der ersten Linie auf, dahinter das restliche Heer als Reserve. Er selbst ritt durch die Reihen, redete jeden Einzelnen mit Namen an, ermutigte und bat sie, daran zu den-

ut meminerint se contra latrones inermis pro patria, pro liberis, pro aris atque focis suis certare. (6) Homo militaris, quod amplius annos triginta tribunus aut praefectus aut legatus aut praetor cum magna gloria in exercitu fuerat, plerosque ipsos factaque eorum fortia noverat: Ea conmemorando militum animos adcendebat.

60 (1) Sed ubi omnibus rebus exploratis Petreius tuba signum dat, cohortis paulatim incedere iubet; idem facit hostium exercitus. (2) Postquam eo ventum est, unde a ferentariis proelium conmitti posset, maxumo clamore cum infestis signis concurrunt; pila omittunt, gladiis res geritur. (3) Veterani pristinae virtutis memores comminus acriter instare, illi haud timidi resistunt: Maxuma vi certatur. (4) Interea Catilina cum expeditis in prima acie vorsari, laborantibus succurrere, integros pro sauciis arcessere, omnia providere, multum ipse pugnare, saepe hostem ferire: Strenui militis et boni imperatoris officia simul exsequebatur. (5) Petreius ubi videt Catilinam, contra ac ratus erat, magna vi tendere, cohortem praetoriam in medios hostis inducit eosque perturbatos atque alios alibi resistentis interficit. Deinde utrimque ex lateribus ceteros adgreditur. (6) Manlius et Faesulanus in primis pugnantes cadunt. (7) Catilina postquam fusas copias seque cum paucis relicu-

ken, dass sie gegen schlecht bewaffnete Räuber für ihre Heimat, für ihre Kinder, ihre Götter und Häuser kämpften. (6) Weil dieser kriegserfahrene Mann über dreißig Jahre lang als Tribun, Präfekt, Legat oder Prätor mit großem Renommee im Heer gedient hatte, kannte er die meisten persönlich ebenso wie ihre tapferen Taten. Indem er diese erwähnte, versuchte er den Mut seiner Soldaten zu entflammen.

60 (1) Als Petreius alles erkundet und das Trompetensignal hatte geben lassen, ließ er die Kohorten langsam vorrücken. Dasselbe tat das Heer der Feinde. (2) Als man sich so nahe gekommen war, dass der Kampf von den Wurfschützen begonnen werden konnte, rannten sie unter gellendem Geschrei im Sturmangriff aufeinander los. Sie warfen ihre Wurfspieße weg und kämpften mit dem Schwert. (3) Die altgedienten Soldaten erinnerten sich an ihre frühere Tapferkeit und drängten im Handgemenge heftig vorwärts, die anderen leisteten furchtlos Widerstand. Man kämpfte mit aller Macht. (4) Währenddessen befand sich Catilina mit seinen kampfbereiten Soldaten in der vordersten Reihe, eilte in Not geratenen zu Hilfe, holte frische Männer als Ersatz für verwundete, kümmerte sich um alles, kämpfte selbst viel mit und tötete oft Feinde: Er erfüllte gleichzeitig die Aufgaben eines tüchtigen Soldaten und eines guten Feldherrn. (5) Als Petreius Catilina – gegen seine Vermutung – mit großer Macht kämpfen sah, führte er die prätorische Kohorte[53] mitten in die Feinde, zerstörte deren Kampfordnung und tötete alle, die hier und da Widerstand leisteten. Danach griff er die Übrigen von beiden Seiten auf den Flügeln an. (6) Manlius und der Faesulaner fielen im Kampf in vorderster Reihe. (7) Als Catilina sah, dass seine

om videt, memor generis atque pristinae suae dignitatis in confertissumos hostis incurrit ibique pugnans confoditur.

61 (1) Sed confecto proelio, tum vero cerneres, quanta audacia quantaque animi vis fuisset in exercitu Catilinae. (2) Nam fere quem quisque vivos pugnando locum ceperat, eum amissa anima corpore tegebat. (3) Pauci autem, quos medios cohors praetoria disiecerat, paulo divorsius, sed omnes tamen advorsis volneribus conciderant. (4) Catilina vero longe a suis inter hostium cadavera repertus est, paululum etiam spirans ferociamque animi, quam habuerat vivos, in voltu retinens. (5) Postremo ex omni copia neque in proelio neque in fuga quisquam civis ingenuos captus est: (6) Ita cuncti suae hostiumque vitae iuxta pepercerant. (7) Neque tamen exercitus populi Romani laetam aut incruentam victoriam adeptus erat. Nam strenuissumus quisque aut occiderat in proelio aut graviter volneratus discesserat. (8) Multi autem, qui e castris visundi aut spoliandi gratia processerant, volventes hostilia cadavera amicum alii, pars hospitem aut cognatum reperiebant; fuere item, qui inimicos suos cognoscerent. (9) Ita varie per omnem exercitum laetitia, maeror, luctus atque gaudia agitabantur.

Truppen geschlagen waren und er selbst nur noch mit wenigen übrig war, erinnerte er sich an seine und seiner Familie frühere Würde, stürmte mitten in die Feinde, wo sie am dichtesten standen, und wurde dort im Kampf durchbohrt.

61 (1) Aber erst nach dem Ende des Kampfes konnte man richtig einschätzen, welcher Schneid und welche Charakterstärke in Catilinas Heer gewesen war. (2) Denn fast jeder bedeckte die Stelle, die er lebend im Kampf eingenommen hatte, noch im Tod mit seinem Körper. (3) Dagegen waren nur wenige, die die Prätorianerkohorte mittendurch auseinandergetrieben hatte, etwas weiter auseinander hingestürzt, aber trotzdem alle nur mit Wunden auf ihrer Vorderseite.[54] (4) Catilina wurde aber weit entfernt von seinen Soldaten unter den Leichen der Feinde gefunden; er atmete sogar noch ein wenig und bewahrte in seiner Miene die Wildheit, die er in seinem Leben besessen hatte. (5) Überhaupt wurde von der ganzen Mannschaft weder in der Schlacht noch auf der Flucht ein einziger freigeborener Bürger gefangen genommen: (6) So hatten alle ihr eigenes Leben und das ihrer Feinde gleich wenig geschont. (7) Doch auch das Heer des römischen Volkes hatte keinen unbeschwerten oder unblutigen Sieg errungen. Denn gerade die Tüchtigsten waren entweder in der Schlacht gefallen oder schwer verwundet davongekommen. (8) Viele aber, die als Schaulustige oder Fledderer aus dem Lager herausgekommen waren, fanden beim Umdrehen der feindlichen Leichen mal einen Freund, mal einen ehemaligen Gast oder einen Verwandten. Ebenfalls erkannten einige ihre politischen Gegner wieder. (9) So herrschte abwechselnd durch das ganze Heer Jubel, Trauer, Jammer und Freude.

Anhang

Zu dieser Ausgabe

Als Vorlage für den lateinischen Text diente: *C. Sallusti Crispi Catilina, Iugurtha, Fragmenta Ampliora*, post A. W. Ahlberg ed. Alphonsus Kurfess, Leipzig: Teubner, ^{3}1975. Für einzelne Stellen wurde die Ausgabe von L. D. Reynolds (Oxford 1991) hinzugezogen.

Für die deutsche Übersetzung und für die Anmerkungen diente die Ausgabe *Sallust: Sämtliche Schriften*, Essen-Kettwig: Phaidon, 1990, als Grundlage. Beides wurde durch den Herausgeber umfassend überarbeitet und sprachlich modernisiert.

Anmerkungen

Zu einzelnen Personen, Gottheiten, Völkern, Regionen und Orten s. das Verzeichnis der Eigennamen (S. 144–155).

1 Nach Aristoteles, *Politik* 1252a–b.
2 Wahrscheinlich Hinweis auf den Marsischen Krieg (90 v. Chr.), den ersten Bürgerkrieg (88 v. Chr.) und die sullanischen Proskriptionen (ab 82 v. Chr.). Catilina soll als Anführer einer Bande gallischer Krieger eine Reihe römischer Ritter ermordet haben, darunter auch seinen eigenen Schwager Quintus Caecilius.
3 Das berühmteste Beispiel hierfür dürfte wohl das Schicksal des Titus Manlius Torquatus sein, der im Jahr 340 v. Chr. trotz anderslautender Befehle gegen den Feind gekämpft hatte und anschließend, obwohl er gesiegt hatte, wegen dieses Ungehorsams auf Befehl seines Vaters hingerichtet wurde (vgl. Livius VIII,6 f.).
4 Einige römische Autoren leiten die allmähliche »Verweichlichung« von dem Einfluss des milden Klimas und des luxuriösen Lebens in den eroberten Städten Kleinasiens und Syriens ab (darunter Cato bei Livius XXXIV,4 u. a., ebenso Plinius, *Naturgeschichte* XXXIII,1 und XXXVII,2).
5 Gemeint ist ursprünglich der Prozess gegen das Verbrechen der unrechtmäßigen Erpressung von römischen Untertanen und Bundesgenossen durch einen Statthalter, später auch gegen schlechte und willkürliche Amtsausübung. Catilina war von afrikanischen Gesandten beim römischen Senat verklagt worden, weil er als Proprätor in der Provinz Africa seine Amtsgeschäfte schlecht geführt hatte.
6 Aus dem Krieg gegen Sertorius, der in Spanien einen eigenen Staat gegründet hatte (80–72 v. Chr.).
7 An vielen Orten auf dem Gebiet des einstigen Römischen Reiches lässt sich noch heute archäologisch nachvollziehen, wie nach und nach mehrere benachbarte Häuser zu ganzen innerstädtischen Villenkomplexen zusammengebaut wurden.
8 Eine der vielen Ungereimtheiten, die bei Sallust auftreten: Er selbst hat in Kapitel 19 über Pisos Tod berichtet, so dass Catilinas Behauptung hier falsch sein muss.

9 Auch hier liegt Sallust nicht richtig: Sittius Nucerinus hielt sich erst später an der Spitze eines Heeres in Mauretanien auf (s. im Verzeichnis der Eigennamen).

10 Dieses Gerücht, auf das Sallust hier hinweist, wird auch bei anderen Autoren erwähnt (Cassius Dio, Florus, Plutarch, Tertullian). Nach Cassius Dio XXXVII,30,3 soll ein Knabe von den Verschwörern ermordet worden sein. Über dessen Eingeweiden habe man den Eid geschworen und diese anschließend verspeist.

11 Man warf Cicero vor, mit der Hinrichtung der Verschwörer auf bloßen Senatsbeschluss hin gegen die Verfassung verstoßen zu haben, da er ohne den Auftrag der Volksversammlung (*iniussu populi Romani*) gehandelt habe.

12 Auch die Römer konnten in Catilinas Zeit schon auf eine anspruchsvolle literarische Tradition zurückblicken (v. a. Epos, Geschichtsschreibung und Komödie).

13 Cicero überließ dem Antonius Makedonien, das durch das Los eigentlich ihm selbst als Konsularprovinz zugefallen war, zur Ausplünderung, um ihn sich zu verpflichten.

14 In der Nacht des 6. November 63.

15 Dieser morgendliche Besuch (in der Regel von Klienten, aber auch von anderen) fand meist schon in aller Frühe bei Morgengrauen statt.

16 Die wirtschaftliche und soziale Lage der ländlichen Gebiete Etruriens war, vor allem durch Enteignungen unter Sulla und Ansiedlung sullanischer Veteranen, sehr angespannt und die Unzufriedenheit mit dem römischen Staat entsprechend groß, so dass hier ein erhebliches revolutionäres Potential vorhanden war.

17 Ein erneutes Beispiel für Sallusts freie Handhabung der Chronologie: Die Senatssitzung, in der das sog. *senatus consultum ultimum* verabschiedet und damit der Notstand ausgerufen wurde, ist belegt für den 21. Oktober. Sallust erwähnt sie jedoch unmittelbar nach dem Mordanschlag auf Cicero, der am 7. November stattfand. Es bleibt unklar, ob er damit den Notstandsbeschluss in einen direkten Zusammenhang mit dem Anschlag bringen will oder ihn auf die Entwicklung in Etrurien zurückführt.

18 Caeparius sollte im Auftrag des Lentulus die Sklaven aufhetzen.

19 Ädil, Quästor, Tribun u. Ä. im Gegensatz zu den höheren Ämtern Konsul, Prätor, Zensor.

20 Ein ähnliches Bild der Verwirrung liefert auch Cicero, *Reden gegen Catilina* I,3,7 und 7,17.

21 Die *lex Plautia* bestimmte die Verbannung für Aufrührer und Gewalttäter.

22 Ciceros erste *Rede gegen Catilina*, die 60 v. Chr. veröffentlicht wurde; diese Senatssitzung wird in der Regel für den 8. November angenommen.

23 Vgl. Cicero, *Reden gegen Catilina* II,4; an anderer Stelle wird berichtet, Catilina sei mit 300 Bewaffneten und Feldzeichen ausgezogen und habe für sich selbst die prokonsularische Würde in Anspruch genommen.

24 Der lateinische Text *huiusce modi* (»folgender Art«) legt nahe, dass es sich wie bei den Reden nicht um einen echten Brief handelt, sondern um ein literarisches Produkt Sallusts.

25 Gemäß einem von Lucius Valerius Flaccus 86 v. Chr. eingebrachten Gesetz konnten die bestehenden Schulden mit einem Viertel der eigentlichen Summe zurückgezahlt werden (1 Kupfer-As = 1/4 Silbersesterz).

26 Es wird von drei solchen »Auswanderungen« der Plebejer berichtet: in den Jahren 484, 449 und 287 v. Chr.

27 Die *fasces* wurden vor den hohen römischen Beamten hergetragen und symbolisierten ihre Amts- und Strafgewalt.

28 Gemäß den sullanischen Proskriptionsgesetzen konnte nicht nur das Eigentum der Proskribierten konfisziert werden, sondern deren Nachkommen konnten sich auch nicht in öffentliche Ämter wählen lassen.

29 Die Amtsgewalt der Volkstribunen (*tribunicia potestas*) war unter Sulla drastisch eingeschränkt und auf das Vetorecht allein reduziert worden.

30 Pompeius wurde 67 v. Chr. mit der Führung des Seeräuberkrieges im östlichen Mittelmeer beauftragt und 66 v. Chr. gegen Mithridates geschickt in der Nachfolge des Lucullus.

31 Umbrenus war nur ein Freigelassener, während Gabinius dem Ritterstand angehörte.

32 Faesulae ist mit hoher Wahrscheinlichkeit auf einen Fehler der Textüberlieferung oder sogar Sallusts selbst zurückzuführen, denn Catilina brach ja von Faesulae auf (32,2; 43,2; 44,6) und war unterwegs nach Rom. Die Suche nach ähnlich klingenden Orten in der Nähe Roms, die mit Faesulae verwechselt worden sein könnten, hat bislang keine überzeugende Lösung erbracht.

33 Dieser Brief findet sich auch bei Cicero, *Reden gegen Catilina* III,12. Inhaltlich stimmen die beiden überein, der Wortlaut unterscheidet sich jedoch. Man geht davon aus, dass Ciceros Version ein wörtliches Zitat ist, während Sallust wieder einmal schriftstellerische Freiheit walten ließ.

34 Am 3. Dezember.

35 Geheime, angeblich aus der Königszeit stammende Sammlung von Prophezeiungen, die in Staatsnotlagen vom Priesterkollegium der *quindecimviri sacris faciundis* – nur auf Geheiß des Senats – konsultiert wurden; im Jupitertempel auf dem Kapitol aufbewahrt; beim Brand 83 v. Chr. zerstört, später rekonstruiert.

36 Lat. *haruspices*: Priester, die Weissagungen aus den Eingeweiden von Opfertieren herleiteten; ein von den Etruskern übernommener Brauch.

37 Magistratsträger und Angehörige des Adels wurden nicht inhaftiert, sondern bestimmten Personen unterstellt, die für ihre Bewachung verantwortlich waren.

38 Dieser Zwischenfall ereignete sich tatsächlich erst einen Tag später nach Caesars Plädoyer gegen die Todesstrafe für die Verschwörer.

39 Handwerkliche und gewerbliche Genossenschaften wurden von Demagogen häufig in bestimmte politische Richtungen manipuliert, und ihre Führer spielten oft eine wichtige Rolle als Unruhestifter unter dem Volk.

40 Gemeint ist der Dritte Makedonische Krieg 171–168 v. Chr.

41 So milde, wie Caesar es darstellt, verfuhren die Römer allerdings nicht mit den Rhodiern: Sie nahmen ihnen Lykien und Karien wieder weg (s. dazu im Verzeichnis der Eigennamen) und belegten einzelne Bürger mit Verbannung und anderen Strafen, andere trieben sie sogar in den Selbstmord (Livius XLV,10,20–25; Polybios XXX,4 f.; 17,16 f.; 19). Wahrscheinlich wäre die Strafe strenger

ausgefallen, wenn nicht – erstaunlicherweise – der alte Cato sich in einer Rede für die Rhodier eingesetzt hätte. Diese Reminiszenz an den berühmten Vorfahren des Senators Cato ist von Caesar sicherlich beabsichtigt und bringt jenen in eine zwiespältige Situation.

42 Die drei Kriege Roms gegen Karthago um die Vorherrschaft im westlichen Mittelmeer (264–241, 218–201, 149–146 v. Chr.) schufen die Grundlage für das römische Imperium im Westen.

43 Diese Ansicht ist zutiefst subjektiv römisch. Es gab zwar Kräfte in Rom, die sich für Mäßigung gegenüber den Karthagern einsetzten, aber gerade der vorher angeführte Cato ist für seinen Hass auf Karthago bekannt, und der Dritte Punische Krieg war durch Hinterlist und Verrat seitens der Römer gekennzeichnet.

44 Caesar äußert sich hier gegen die Anwendung der Vollmachten des *senatus consultum ultimum*, da damit sozusagen außergesetzliche Maßnahmen ermöglicht werden, und plädiert für die Ausschöpfung der bestehenden gesetzlichen Möglichkeiten. Eine volle Ausnutzung des *senatus consultum ultimum* würde z. B. mit der *lex Sempronia* kollidieren, wonach kein römischer Bürger ohne die Zustimmung der Volksversammlung zum Tode verurteilt werden durfte. Caesar warnt vor solchen Maßnahmen, ohne jedoch die Korrektheit des Vorgehens anzuzweifeln.

45 »Auf etwas erkennen«: in der Rechtssprache üblicher Ausdruck für »etwas als Urteil verkünden«.

46 Caesar versucht, seine Ablehnung der Todesstrafe philosophisch zu untermauern, indem er hier die epikureischen Ansichten über den Tod einfließen lässt.

47 Die *lex Porcia* gewährte einem römischen Bürger vor der körperlichen Züchtigung oder Hinrichtung das Recht, an die Volksversammlung zu appellieren (Provokationsrecht).

48 Eine Anspielung auf die *lex Sempronia*, die einem römischen Bürger das Recht der *provocatio* (Berufung vor der Volksversammlung) einräumt. Caesar lässt hier außer Acht, dass der Senat für gewöhnlich, entgegen der Ansicht der Volksversammlung, einen zum *hostis* (Staatsfeind) Erklärten nicht mehr als Bürger betrachtete.

49 S. Anm. 45.
50 Caesar wollte anscheinend die Todesstrafe als unrömisch darstellen.
51 S. Anm. 47.
52 Eine Übertreibung, da Cato damals erst 32 Jahre alt war und jungen Senatoren selten das Wort erteilt wurde.
53 Die prätorische Kohorte war eine Art Eliteeinheit zum Schutz des Feldherrn.
54 Das heißt, sie waren nicht geflohen, sonst hätten sie Verwundungen auf der Rückseite.

Verzeichnis der Eigennamen

Die folgende Liste nennt alle Eigennamen, die im Text vorkommen. Mehrteilige Personennamen sind unter dem Nomen gentile oder dem Beinamen aufgeführt – je nachdem, was auf Basis der Übersetzung naheliegender schien. Die Zahlen in Klammern verweisen ggf. auf den entsprechenden Artikel im *Neuen Pauly* (s. Literaturhinweise). Die Erläuterungen beschränken sich auf Hinweise, die für das Textverständnis notwendig sind. Inhaltlich beruhen sie auf dem *Neuen Pauly* und J. T. Ramsey, *Who's Who in Sallust's Bellum Catilinae*, unter: http://www.oup.com/us/companion.websites/9780195320855/pdf/WhosWho09.pdf (Stand: 1. März 2009).

Aborigines Ureinwohner Latiums; in der Überlieferung ist nicht eindeutig, ob es sich um Autochthone handelt; Sallusts Darstellung eines unkultivierten Volkes widersprechen andere Autoren.

Aeneas Mythischer Stammvater der Römer, Sohn des Anchises und der Venus, Vater des Ascanius/Iulus, auf den die Gens Iulia ihre Herkunft zurückführte; bei der Zerstörung Trojas floh er als einer der wenigen Überlebenden und kam nach längerer Irrfahrt nach Latium, wo er über Lavinium herrschte; sein Sohn gründete Alba Longa, seine Nachfahren Romulus und Remus Rom.

Allobroger Keltischer Volksstamm zwischen Rhône und Isère bis zum Genfer See; von den Römern 121/120 v. Chr. unterworfen und Teil der Provinz Gallia Narbonensis; nach dem Durchzug der Truppen des Pompeius auf dem Weg nach Hispanien (Mitte der 70er Jahre v. Chr.) Opfer ausbeuterischer Statthalter. Die Gesandtschaft befand sich 63 v. Chr. sicherlich aus diesem Grund in Rom. Ein gutes Jahr später versuchten die Allobroger tatsächlich einen Aufstand gegen Rom, den Pomptinus niederschlug.

Annius (I 7), Q. Nahm an Catilinas Verschwörung teil und versuchte die Allobroger zur Teilnahme zu gewinnen; entzog sich der Festnahme Anfang Dezember und wurde in der Senatssitzung am 5. Dezember in Abwesenheit zum Tode verurteilt.

Antonius (I 2), C. Konsul 63 v. Chr.; Kollege Ciceros; im Wahlkampf noch Verbündeter Catilinas, dann von Cicero zur Zusam-

menarbeit gewonnen; vom Senat zur Niederschlagung des Aufstands nach Etrurien entsandt, überließ er die Schlacht Anfang 62 seinem Legaten M. Petreius.

Apulien Landschaft im Südosten Italiens; einzelne Städte Apuliens hatten am Bundesgenossenkrieg 91–87 v. Chr. gegen Rom teilgenommen.

Arretium Stadt in Nord-Etrurien, etwa 60 km südöstlich von Faesulae, wo das Heerlager des Manlius war.

Asien Asia (minor) war ein Gebiet an der Westküste Kleinasiens; seit dem 6. Jh. v. Chr. persische Satrapie (Lydia); danach hellenistisches Königreich (Pergamon); seit 129 v. Chr. römische Provinz; wegen seiner üppigen Steuereinnahmen sehr begehrt; Sulla vertrieb im ersten Krieg gegen Mithridates 88–84 v. Chr. den König von Pontos, der die Unzufriedenheit der Provinzbewohner für sein eigenes Hegemoniestreben ausnutzen wollte; während Sullas Abwesenheit hatten Marius und Cinna die Macht in Rom übernommen; bei Sullas Rückkehr begann daher der Bürgerkrieg, dem viele Populare zum Opfer fielen.

Athen/Athener In Athen entstand die Staatsform der Demokratie; im 5. Jh. v. Chr. als Anführer des attischen Seebundes Gegenspieler Spartas; im Peloponnesischen Krieg 431–404 v. Chr. von Sparta besiegt; Sparta führte danach die Oligarchie in Athen ein (Dreißig Tyrannen). Die Ereignisse wurden von Thukydides aufgeschrieben; sein Werk gilt in Stil und Geschichtsauffassung als Vorbild für Sallust.

Autronius (2), P. Gewählter Konsul für 65 v. Chr.; jedoch wegen Wahlbestechung verurteilt und aus dem Senat entfernt; danach Teilnehmer an der Verschwörung; 62 v. Chr. zum Exil verurteilt.

Bestia (1 2), L. Calpurnius Volkstribun 62 v. Chr.; sollte nach seinem Amtsantritt am 10. Dezember 63 das Zeichen zum Aufstand in Rom geben; übte später heftige Kritik an Ciceros Vorgehen gegen die Verschwörer.

Brutus (1 6), D. Iunius Anhänger Sullas; Konsul 77 v. Chr.; Ehemann Sempronias.

Bruttium (heute Calabria) Region an der Spitze des Italienischen Stiefels; am Bundesgenossenkrieg hatten die Bewohner dieser Landschaft nicht teilgenommen.

Caeparius, M. Aus Terracina (Stadt im Gebiet der Volsker, etwa 85 km südöstlich von Rom); stiftete T. Volturcius zum Verrat an und verließ dann Rom, um die Sklaven in Apulien aufzuwiegeln. Am 3. Dezember 63 v. Chr. unter Hausarrest gestellt und am 5. Dezember zum Tode verurteilt.

Caesar, L. Iulius (1 6) Konsul 64 v. Chr.; beantragte in der entscheidenden Senatssitzung am 5. Dezember 63 v. Chr. die Todesstrafe für alle Gefangenen; 61 v. Chr. Zensor.

Caesar, C. Iulius Prätor 63 v. Chr.; im gleichen Jahr zum Pontifex maximus gewählt, u. a. gegen den weitaus einflussreicheren Q. Lutatius Catulus; von diesem und C. Calpurnius Piso, den er erfolglos wegen Amtsverfehlungen während seiner Statthalterschaft in Gallien verklagt hatte, vergeblich der Teilnahme an der Verschwörung verdächtigt; als Neffe des Marius und Schwiegersohn Cinnas sowie wegen seiner Kontakte zu M. Licinius Crassus sympathisierte er zweifellos mit den Verschwörern, ohne direkt mitzuwirken; folglich beantragte er in der entscheidenden Senatssitzung am 5. Dezember die milderen Strafen für die gefangen genommenen Verschwörer; nach seinem Konsulat 59 v. Chr. eroberte er in seiner zehnjährigen Statthalterschaft ganz Gallien bis zum Atlantik und zum Rhein und gewann im anschließenden Bürgerkrieg die Alleinherrschaft in Rom.

Capua Hauptstadt Kampaniens in Mittelitalien.

Cassius (1 13) Longinus, L. Prätor 66 v. Chr.; unterlag in den Konsulwahlen für das Jahr 63 v. Chr. und schloss sich darauf Catilina an; betrieb das Bündnis mit den Allobrogern; verließ kurz vor der Aufdeckung der Verschwörung Rom und wurde in Abwesenheit zum Tode verurteilt.

Catilina, L. Sergius Prätor 68 v. Chr.; danach Statthalter der Provinz Africa; wegen eines Repetundenprozesses nicht zu den Konsulwahlen 65 v. Chr. zugelassen; alle Prozesse gegen ihn verliefen zunächst wegen seiner einflussreichen Freunde erfolglos; erst nach

den verlorenen Wahlen für das Jahr 63 sah er wohl für seine politische Existenz keinen anderen Ausweg mehr als den Putsch.

Cato Uticensis, M. Porcius (I 7) Volkstribun 62 v. Chr.; Urenkel Catos d. Ä.; in der entscheidenden Senatssitzung am 5. Dezember 63 v. Chr. überzeugte er die durch Caesars Rede schwankende Mehrheit wieder von der Notwendigkeit der Todesstrafe für die gefangen genommenen Verschwörer. Er wurde später einer der schärfsten Gegner Caesars im Senat und kämpfte im Bürgerkrieg gegen ihn; beging nach der Niederlage gegen Caesar in Utica 46 v. Chr. Selbstmord.

Catulus, Q. Lutatius (4) Konsul 78 v. Chr.; einer der angesehensten Politiker seiner Zeit; trotz seiner streng optimatischen Einstellung durch eine alte Familienfreundschaft mit Catilina verbunden. Nach seiner sensationellen Niederlage gegen Caesar bei den Wahlen zum Pontifex maximus 63 v. Chr. politisch bedeutungslos geworden.

Cethegus, C. Cornelius (I 12) Sollte in der Nacht zum 3. Dezember 63 v. Chr. den Mordanschlag auf Cicero anführen; verhaftet und unter Hausarrest gestellt; ein Befreiungsversuch durch bewaffnete Anhänger schlug fehl; am 5. Dezember auf Senatsbeschluss hingerichtet.

Cicero, M. Tullius Geboren 106 v. Chr. in Arpinum, daher von Catilina als *inquilinus* (Zuwanderer) verleumdet (31,7). Konsul des Jahres 63 v. Chr. Seine erste *Rede gegen Catilina* wird in 31,6 erwähnt.

Cinna, L. Cornelius (I 18) Konsul 87–84 v. Chr.; im Bürgerkrieg Gegner Sullas; v. a. in den Jahren 86 und 85 praktisch Alleinherrscher in Rom.

Concordia Göttin der Eintracht; ihr Tempel stand am Clivus Capitolinus und war häufiger Tagungsort des Senats.

Cornelier Eine der bedeutendsten und einflussreichsten Gentes in der gesamten römischen Geschichte.

Cornelius (I 3), C. Sollte Cicero gemeinsam mit L. Vargunteius im November bei einer morgendlichen *salutatio* ermorden.

Cornificius (2), Q. Wahrscheinlich Prätor 66 v. Chr.; erfolgloser Mitbewerber Ciceros um das Konsulat 63 v. Chr.

Cotta, L. Aurelius (I 9) Konsul 65 v. Chr.; war offenbar auch bei der zweiten Verschwörung Gegner Catilinas, denn er beantragte die *supplicatio*, ein Dankfest, zu Ehren von Ciceros Maßnahmen gegen die Verschwörung (vgl. Cicero, *Philippische Reden* 2,13).

Crassus, M. Licinius (I 11) Konsul 70 und 55 v. Chr.; nicht zuletzt wegen seines gewaltigen Reichtums einer der einflussreichsten Römer seiner Zeit; unterstützte Catilinas Kandidatur zum Konsulat 64 v. Chr.; ging aber nach deren erfolglosem Verlauf auf Distanz; 60 v. Chr. schloss er mit Pompeius und Caesar das sog. (erste) Triumvirat, in dem die drei vereinbarten, dass sie im Staat nichts zulassen würden, was ihren Interessen zuwiderlaufe; geriet auf seinem Feldzug gegen die Parther 53 v. Chr. in Gefangenschaft und wurde hingerichtet.

Curius (3), Q. Wurde als ehemaliger Quästor 70 v. Chr. aus dem Senat verstoßen; zunächst Teilnehmer an der Verschwörung, dann aber Ciceros Informant; er warnte ihn vor dem Mordanschlag durch C. Cornelius und L. Vargunteius Anfang November 63 v. Chr.

Damasippus, L. Iunius (I 15) Brutus Ließ im Bürgerkrieg auf Befehl des Marius Angehörige der römischen Nobilität grausam ermorden und wurde dafür 82 v. Chr. selbst von Sulla hingerichtet.

Etrurien (heute Toscana) / **Etrusker** Region in Norditalien; gehörte im Bundesgenossenkrieg 91–87 v. Chr. zu den Gegnern Roms. Die Etrusker beherrschten Nordwestitalien vor den Römern und waren offenbar bis zum Ende der Republik Rom gegenüber mehrheitlich ablehnend gesonnen. Nach dem Bundesgenossenkrieg siedelte Sulla Veteranen in Etrurien an, um die Gegend leichter kontrollieren zu können. Der kulturelle Einfluss der Etrusker auf Rom ist kaum zu überschätzen.

Fabius (I 36) Sanga, Q. Senator; möglicherweise ein Nachfahre des Q. Fabius Maximus, der 120 v. Chr. die Allobroger endgültig unterwarf und deshalb der Patronus dieses Stammes war.

Faesulae (heute Fiesole) Stadt in Nordetrurien; Zentrum des Aufstandes außerhalb Roms; Kolonie von Veteranen Sullas, die laut 16,4 zu einem Bürgerkrieg bereit waren.

Figulus, C. Marcius (I 12) Konsul 64 v. Chr.; half Cicero gegen Catilina.

Flaccus, L. Valerius (I 24) Prätor 63 v. Chr.; hatte seit seinem 17. Lebensjahr zahlreiche militärische Erfahrungen auf etlichen Feldzügen in den unterschiedlichsten Verantwortungen gemacht; Cicero revanchierte sich für die Unterstützung des Flaccus gegen die Verschwörer, indem er ihn 59 v. Chr. in einem Repetundenprozess verteidigte.

Flaminius, C. Der bei Sallust erwähnte Mann aus Arretium ist sonst unbekannt.

Fulvia (1) Geliebte des Catilinariers Q. Curius, den sie dazu brachte, Cicero über die Verschwörung zu informieren.

Fulvius Die drei im Text erwähnten Fulvier (Fulvius Nobilior in Kapitel 17 sowie Vater und Sohn Fulvius in Kapitel 39) sind nicht weiter identifizierbar. Die Familie der Fulvier wies v. a. in der mittleren Republik einige bedeutende Vertreter auf.

Furius, P. Ein Veteran Sullas aus Faesulae (vgl. Cicero, *Reden gegen Catilina* 3,14).

Gabinius (I 4) Capito, P. Eine der führenden Figuren in der Verschwörung; gewann die allobrogische Gesandtschaft zur Teilnahme und plante die Brandstiftung für Anfang Dezember 63 v. Chr.; am 3. Dezember verhaftet, am 5. Dezember auf Senatsbeschluss hingerichtet.

Gallien Das diesseitige Gallien (Gallia citerior) war die römische Provinz Oberitalien: das Gebiet nördlich des Apennin bis zu den Alpen. Das jenseitige Gallien (Gallia ulterior oder Transalpina) war zu Catilinas Zeit gleichbedeutend mit Gallia Narbonensis, der Provinz an der französischen Mittelmeerküste.

Griechenland Zu Sallusts Zeit schon längst römische Provinz und dennoch kulturelles und teilweise auch historisches Vorbild.

Italien In der Antike lediglich geographischer Begriff, aber kein politisch oder staatsrechtlich einheitliches Gebilde.

Iulius, C. Unbedeutende Nebenfigur, die den Aufstand in Apulien organisieren sollte; nicht mit Caesar zu verwechseln!

Kapitol Wichtigster der sieben Hügel Roms; Standort des Jupitertempels – dieses Zentrum des Staatskultes, zugleich Aufbewahrungsort der sibyllinischen Bücher, wurde nach dem Brand 83 v. Chr. neu errichtet.

Karthago/Karthager Die Stadt lag östlich des heutigen Tunis; stärkste militärische und wirtschaftliche Seemacht des westlichen Mittelmeerraums im 3. Jh. v. Chr. Von den Römern in drei sog. Punischen Kriegen niedergerungen.

Kimbern Germanischer Stamm, der 113–101 v. Chr. teilweise zusammen mit den Teutonen und Ambronen in Noricum, Südgallien und Norditalien in mehreren Schlachten die Römer schlug, bevor er gegen Marius bei Vercellae aufgerieben wurde.

Kyros (2) Begründer des persischen Weltreiches; regierte um 559–530 v. Chr.

Lentulus Spinther, P. Cornelius (I 54) Konsul 57 v. Chr.; Anhänger des Pompeius; setzte sich daher auch für Ciceros Rückholung aus dem Exil ein und kämpfte später im Bürgerkrieg gegen die Caesarianer.

Lentulus Sura, P. Cornelius (I 56) Konsul 71 v. Chr.; wegen seines Lebenswandels 70 v. Chr. aus dem Senat gestoßen; danach erbitterter Feind der etablierten Senatsaristokratie; 63 v. Chr. wieder Prätor; nach Aufdeckung seiner Rolle in der Verschwörung vom Senat verurteilt und hingerichtet.

Lepidus, M'. Aemilius (I 7) Konsul 66 v. Chr.; war offenbar auch bei der zweiten Verschwörung Gegner Catilinas, denn er billigte Ciceros Gegenmaßnahmen (vgl. Cicero, *Philippische Reden* 2,12).

Manlius (I 1), C. Offenbar aufgrund seiner Erfahrungen als Soldat in Sullas Armee sollte er in Faesulae eine Streitmacht aufstellen, mit der er am 27. Oktober 63 v. Chr. den Aufstand begann; fand in der Schlacht von Pistoria im Januar 62 den Tod.

Manlius (I 17) Torquatus, L. Konsul 65 v. Chr.; blieb auch bei der zweiten Verschwörung Catilinas Gegner und setzte sich später für Ciceros Rückberufung aus dem Exil ein.

Manlius (I 12) Torquatus, T. (nicht A.!) Konsul 340 v. Chr.; ließ seinen eigenen Sohn hinrichten, weil dieser im Krieg gegen die Latiner (nicht gegen die Gallier!) gegen seinen Befehl einen Zweikampf bestritten hatte und obwohl er ihn gewonnen hatte. Sallust nennt dieses Exemplum offenbar aus dem Gedächtnis – daher die Fehler.

Marcius (I 23) Rex, Q. Konsul 68 v. Chr.; Prokonsul von Cilicia 67 v. Chr.; von Pompeius 66 v. Chr. abgelöst, der wohl auch seinen Triumph in Rom verhinderte (Kapitel 30).

Marius (I 1), C. Zwischen 107 und 86 v. Chr. siebenmal Konsul; siegreiche Feldzüge gegen Iugurtha in Numidien und gegen die Kimbern und Teutonen in Norditalien; modernisierte das zusammenbrechende Heereswesen; im Bürgerkrieg Gegner Sullas und der Optimaten; verheiratet mit der Schwester von Caesars Vater.

Massilia (heute Marseille) Ehemals griechische Kolonie in der Nachbarschaft zur Provinz Gallia Narbonensis, autonome Stellung mit traditionell guten Beziehungen zu Rom. Catilina schlug die Stadt als Exilort für sich vor.

Mauretanien Römisches Vasallenkönigreich westlich der Provinz Numidia (ungefähr nördliches Marokko und Algerien); geriet nicht zuletzt wegen P. Sittius Nucerinus unter Caesars Einfluss und kämpfte dann im Bürgerkrieg auf dessen Seite.

Metellus Celer, Q. Caecilius (I 22) Prätor 63 v. Chr.; danach Prokonsul der Provinz Gallia Cisalpina; Konsul 60 v. Chr.

Metellus Creticus, Q. Caecilius (I 23) Konsul 69 v. Chr.; unterwarf als Prokonsul Kreta und machte die Insel zur Provinz; von Pompeius 67 v. Chr. abgelöst, wartete er auf dessen Betreiben vergeblich auf seinen Triumph.

Mithridates VI Eupator (auch Mithradates) König von Pontus (132–63 v. Chr.); gefährlichster Gegner Roms in Kleinasien; erst durch den Feldzug des Pompeius (66–62 v. Chr.) endgültig bezwungen.

Mulvische Brücke Hier überquerte die Via Flaminia vom Forum kommend den Tiber in Richtung Norden.

Murena, C. Licinius (I 32) Versah als Legat die Statthalterschaft in Gallia Narbonensis (nicht in Gallia citerior, wie Sallust irrtümlich

behauptet) für seinen Bruder L., welcher sich für die Konsulwahlen in Rom aufhielt.

Nero, Ti. Claudius Der Vater des ersten Ehemanns der Livia, die nach ihrer Scheidung Octavian heiratete; Großvater des Kaisers Tiberius.

Orestilla, Aurelia (2) Catilinas Ehefrau.

Paullus, L. Aemilius (I 15) Lepidus Quästor 59 v. Chr.; Bruder des späteren Triumvirn.

Perseus (2) Letzter König von Makedonien; regierte 179–168 v. Chr.; unternahm den Versuch, eine große Allianz gegen Rom zu schmieden; in der Schlacht von Pydna 168 v. Chr. geschlagen, im Triumph vorgeführt und bis zu seinem Tod in Haft gehalten.

Petreius (1), M. Prätor um 64 v. Chr.; jahrzehntelange militärische Erfahrung; als Legat in der Armee, die M. Antonius gegen die Aufständischen in Etrurien führte; kommandierte dieselbe Armee in der Schlacht von Pistoria im Januar 62 v. Chr. für den erkrankten Antonius und siegte.

Pikenerland/Picenum Gebiete an der Adria, südöstlich an Umbrien anschließend; beide Gegenden waren zusammen mit Etrurien die nördlichen Gegner Roms im Bundesgenossenkrieg 91–87 v. Chr.

Piso, Cn. Calpurnius (I 13) Quästor 65 v. Chr.; als Proprätor nach Hispania citerior gesandt, dort von hispanischer Reiterei ermordet. Catilina (oder Sallust) hielt ihn im Juni 64 v. Chr. offenbar noch für lebendig.

Piso, C. Calpurnius (I 10) Konsul 67 v. Chr.; danach Statthalter beider Gallien; wurde nach seiner Rückkehr 63 v. Chr. von Caesar verklagt und von Cicero erfolgreich verteidigt. Sein Versuch, Caesar mit dem Putschversuch in Verbindung zu bringen, dürfte als Rache zu werten sein.

Pistoria Stadt 30 km nordwestlich von Faesulae, von der aus sich ein Pass über den Apennin Richtung Norden öffnet.

Pompeius Rufus, Q. Möglicherweise Sohn des Q. Pompeius (I 6) Rufus, Konsul 88 v. Chr., und Vater des Q. Pompeius (I 7) Rufus,

Volkstribun 52 v. Chr.; er wurde später Statthalter der Provinz Africa.

Pompeius (I 3) Magnus, Cn. Konsul 70, 55 und 52 v. Chr.; erfolgreichster Feldherr seiner Zeit; 63 v. Chr. mit der endgültigen Besiegung des Königs Mithridates beschäftigt; kehrte erst Ende 62 nach Rom zurück und schloss mit Crassus und Caesar im Jahr 60 das sog. (erste) Triumvirat, in dem die drei vereinbarten, dass im Staat nichts gegen ihre Interessen geschehen sollte. Im Bürgerkrieg war er Caesars gefährlichster Gegner bis zu seiner Niederlage in der Schlacht bei Pharsalos 48 v. Chr. Er wurde auf der Flucht in Ägypten ermordet.

Pomptinus, C. Prätor 63 v. Chr.; verdankte seine Karriere als Magistrat v. a. seiner Tüchtigkeit in diversen militärischen Kommandos; 62–59 Proprätor in Gallia Narbonensis, wo er u. a. den Aufstand der Allobroger niederschlug; dafür feierte er 54 v. Chr. einen Triumph; 51–50 v. Chr. unter Cicero Legat in Cilicia.

Porcius (I 10) Laeca, M. Senator und Verschwörer, in dessen Haus Anfang November 63 v. Chr. der Mordanschlag auf Cicero geplant wurde.

Rhodos Die Rhodier unterstützten die Römer im Krieg gegen Antiochus von Syrien und wurden dafür 188 v. Chr. mit einem großen Teil von Lykien und Karien (in der heutigen Türkei) belohnt; als sie sich im Dritten Makedonischen Krieg jedoch zu Vermittlern aufzuspielen versuchten und sogar die Absicht äußerten, in den Krieg einzugreifen gegen die Partei, die nicht einzulenken bereit wäre, zogen sie sich den Zorn Roms zu; nach ihrem Sieg beließen die Römer den Rhodiern zwar die nominelle Freiheit, nahmen ihnen aber ihren Festlandsbesitz wieder und schufen ihnen mit dem Freihafen Delos eine gewaltige wirtschaftliche Konkurrenz.

Saenius (I 1), L. Senator; erhielt einen Brief aus Faesulae über die Vorbereitungen zum Aufstand, den er umgehend an den Senat weiterleitete.

Samniten Stammesgruppe im Bergland des Apennin; von den Römern in den sog. Samnitenkriegen zwischen 343 und 290 v. Chr. unterworfen.

Sempronia (4) Aus altem Adel; kam nach Catilinas Wahlniederlage im Sommer 64 v. Chr. zur Verschwörung und stellte ihr Haus für das Treffen mit den Allobrogern zur Verfügung.

Septimius (1 1) Aus Camerinum (Stadt in der mittelitalischen Region Umbrien, direkt an der Grenze zu Picenum).

Silanus, D. Iunius (1 30) Designierter Konsul für das Jahr 62 v. Chr.; plädierte in der Senatssitzung des 5. Dezember 63 v. Chr. für die »Höchststrafe« gegen die Verschwörer und behauptete nach Caesars Gegenrede, er habe damit die lebenslange Haft gemeint.

Sittius (1) Nucerinus, P. Aus Nuceria in Campania; wurde in Catilinas Auftrag zunächst nach Spanien gesandt, um dort Unruhe zu stiften; wegen seiner Umtriebe dort sollte ihm der Prozess gemacht werden, doch er entkam und floh nach Nordafrika.

Spanien Seit dem Zweiten Punischen Krieg unter römischer Herrschaft; aufgeteilt in zwei Provinzen (Hispania citerior und Hispania ulterior); notorisch unruhig wegen Aufständen einheimischer Stämme sowie revoltierender Römer.

Sparta/Spartaner Stärkste griechische Landmacht im 6. und 5. Jh. v. Chr.; bezwang die Athener im Peloponnesischen Krieg 431–404 v. Chr.

Statilius (1 2), L. War gemeinsam mit P. Gabinius Anfang Dezember 63 v. Chr. mit der Brandstiftung in Rom beauftragt worden; übergab den Allobrogern eine schriftliche Bestätigung des Bündnisses; am 3. Dezember verhaftet und am 5. Dezember auf Senatsbeschluss hingerichtet.

Sulla Felix, L. Cornelius (1 90) Konsul 88 und 80 v. Chr.; Diktator 82–81; Gegenspieler von Marius und Cinna im Bürgerkrieg, den er nach seiner Rückkehr vom (ersten) Krieg gegen Mithridates begann; viele seiner Reformen des Gerichtswesens, des Senats und der Ämter prägten die römische Republik in ihren letzten Jahrzehnten; seine Veteranen bildeten mit den von ihrem Land vertriebenen Gutsbesitzern den Kern von Catilinas Armee.

Sulla, P. und Ser. Cornelius (1 89) Neffen des Diktators, Mitverschwörer; Publius diente später im Bürgerkrieg auf Caesars Seite und bereicherte sich nach dessen Sieg.

Tarquinius (6), L. Mitverschwörer; belastete am 4. Dezember 63 v. Chr. Crassus; wurde verhaftet, da seiner Aussage kein Glauben geschenkt wurde.

Terentius, Cn. Prätor 62 v. Chr.

Torquatus L. s. Manlius (I 17) Torquatus, L.

Transpadaner Bewohner der Provinz Gallia ulterior.

Troja/Trojaner Stadt an der Nordwestküste Kleinasiens; Schauplatz des legendären Trojanischen Krieges zwischen Griechen und Trojanern; über Aeneas betrachteten sich die Römer als Nachfahren der Trojaner.

Tullianum Unterirdisches Gewölbe des römischen Staatsgefängnisses unterhalb der Arx auf der Seite zum Forum; noch heute vorhanden.

Tullius, M. s. Cicero, M. Tullius.

Tullus, L. Volcacius Konsul 66 v. Chr.

Umbrenus (1), P. Freigelassener; nutzte seine geschäftlichen Beziehungen nach Gallien, um den Kontakt zwischen der allobrogischen Gesandtschaft und den Verschwörern herzustellen; entkam seiner Verhaftung Anfang Dezember und wurde in Abwesenheit zum Tode verurteilt.

Vargunteius (3), L. Senator; sollte zusammen mit C. Cornelius im November bei einer morgendlichen *salutatio* Cicero ermorden.

Vesta Göttin des Herdfeuers; ihre Priesterinnen (Vestalinnen) waren zur Jungfräulichkeit verpflichtet; ein Verstoß dagegen, auf den die Todesstrafe stand, galt als böses Omen für den Staat.

Volturcius, T. Aus Croton (Stadt in Süditalien am Golf von Tarent) ; begleitete im Auftrag des Lentulus die allobrogische Gesandtschaft nach Norden; wurde an der Mulvischen Brücke verhaftet, aber wegen seines Geständnisses begnadigt und belohnt.

Literaturhinweise

Textausgaben und Übersetzungen

C. Sallusti Crispi Catilina, Iugurtha, Fragmenta Ampliora. Post A. W. Ahlberg ed. Alphonsus Kurfess. Leipzig: Teubner, ³1975.

C. Sallusti Crispi Catilina, Iugurtha, Historiarum Fragmenta Selecta, Appendix Sallustiana. Ed. L. D. Reynolds. Oxford: Oxford University Press, 1991.

Sallust: Werke. Lat./Dt. Übers. und hrsg. von Werner Eisenhut und Josef Lindauer. Düsseldorf: Artemis & Winkler, ²1994 [u. ö.]. (Sammlung Tusculum.)

Sekundärliteratur

von Albrecht, Michael: Rom. Spiegel Europas. Das Fortwirken antiker Texte und Themen in Europa. Tübingen ²1998.

Baier, Thomas: Sallusts »unmoralische« Geschichtsschreibung. In: Gymnasium 127 (2020) S. 205–233.

Christ, Karl: Krise und Untergang der römischen Republik. Darmstadt ²1984.

Der Neue Pauly. Enzyklopädie der Antike. Hrsg. von Hubert Cancik [u. a.]. Stuttgart 1996 ff.

Drexler, Hans: Die Catilinarische Verschwörung. Ein Quellenheft. Darmstadt 1976.

Flach, Dieter: Römische Geschichtsschreibung. Darmstadt ³1998.

Fuhrmann, Manfred: Cicero und die römische Republik. Düsseldorf 2005.

Kunkel, Wolfgang: Über die Entstehung des Senatsgerichts. München 1969. (Sitzungsberichte der bayerischen Akademie der Wissenschaften, philosoph.-histor. Klasse. Heft 2.)

Maes, Yanick: Catilina. In: Chad M. Schroeder (Hrsg.): Brill's New Pauly. Suppl. II. Bd. 7: Figures of Antiquity and their Reception in Art, Literature and Music. Leiden/Boston 2016.

McGushin, Patrick: C. Sallustius Crispus. *Bellum Catilinae*. A Commentary. Leiden 1977. (Mnemosyne, Suppl. 45.)
Ramsey, John T.: Sallust's *Bellum Catilinae*. Oxford [2]2010.
Reitzenstein, Richard: Hellenistische Wundererzählungen. Leipzig 1906.
Schmal, Stephan: Sallust. Hildesheim [3]2014.
Sonnabend, Holger: Geschichte der antiken Biographie. Von Isokrates bis zur Historia Augusta. Stuttgart/Weimar 2002.
Vretska, Karl: Der Aufbau des *Bellum Catilinae*. In: Hermes 72 (1937) S. 202–222. (Neudr. in: Pöschl, Viktor: Sallust. Darmstadt [2]1981. [Wege der Forschung] S. 74–101.)

Nachwort

1. Historische Einordnung der Catilinarischen Verschwörung

Seit dem 3. Jahrhundert v. Chr. breiteten die Römer ihre Macht- und Einflusssphäre immer weiter und immer schneller über das italische Festland hinaus im ganzen Mittelmeerraum aus. Dabei wurde immer deutlicher, dass dieses Imperium nicht mehr mit den traditionellen Organisationsstrukturen eines antiken Stadtstaates beherrschbar war. Eine Milizarmee, die offiziell aus bäuerlichen Teilzeitsoldaten bestand, konnte nicht ohne verheerende Konsequenzen für deren agrarische Existenzgrundlage jahrelang fern der Heimat operieren: Dieselben Soldaten, die in der Ferne für ihren Staat neues Land eroberten, verloren zu Hause ihr Land, weil sie es nicht bebauen konnten und somit in die Überschuldung getrieben wurden. Die Versuche der beiden Brüder und Volkstribunen Tiberius und Gaius Sempronius Gracchus, die Armut durch eine Neuverteilung des Landbesitzes zu bekämpfen, hätten nur die Symptome abgemildert und wurden durch den gewaltsamen Widerstand der Patrizier ohnehin verhindert (133 und 121 v. Chr.).

Auch vertrugen sich umfassende militärische Operationen weit weg von Rom nicht mit der traditionellen Annuität der Ämter, die eine eifersüchtig auf die Gleichheit aller Mitglieder achtende politische Führungsschicht geschaffen hatte, als Rom noch eine mittelitalische Regionalmacht war. Große Feldzüge in weiter Ferne dauerten mehrere Jahre. Ein jährlicher Wechsel des Feldherrn hätte mindestens

die Effizienz der Unternehmen geschmälert, vielleicht sogar ihren Erfolg zunichtegemacht.

Marius löste mit seiner Heeresreform (ab 107 v. Chr.) zwar das Problem der italischen Kleinbauern – sie wurden nicht mehr zum Kriegsdienst eingezogen und konnten sich demnach weiter um ihre Äcker kümmern –, schuf aber auf der anderen Seite eine politisch hochbrisante Masse von Berufssoldaten, deren Existenzgrundlage einzig und allein von Erfolg und Fürsorge ihres Feldherrn abhing. Dieser hatte wiederum mit der kampferprobten Klientel seiner Soldaten und Veteranen ein enormes innenpolitisches Druckmittel in den Händen, gegen das der Senat nur dadurch ein Gegengewicht schaffen konnte, dass er noch mehr Männer aus seinen Reihen mit Legionen ausstattete, also das Problem eher vervielfachte. Der erste schwerwiegende Konflikt in diesem Sinne (zwischen Marius und Sulla) endete mit einem vermeintlichen Triumph für die Senatspartei (82 v. Chr.). Tatsächlich war die Problematik von Gruppenherrschaft versus Einzelpersönlichkeit aber dadurch längst nicht gelöst. Es traten augenblicklich neue Personen auf (Pompeius, Crassus, Caesar), die gegen den Gleichheitsanspruch des Senates die Verteidigung ihrer persönlichen *dignitas*, ihrer Würde, stellten.

Durch die üppig fließenden Tribute aus den Provinzen differenzierte sich außerdem eine gesellschaftliche Schicht zwischen Senatoren und *plebs* heraus: die *equites*. Sie forderten Einfluss dort, wo sie materielle Interessen hatten. Wem es also gelang, diese finanziell und politisch einflussreiche Gruppe für sich zu gewinnen, der hatte einen starken Rückhalt in der Bevölkerung (so z. B. Pompeius und Crassus).

Schließlich hatte Rom stets mit größter Aufmerksamkeit auf die Stimmungslage in Italien zu achten. Versuchte jemand die Landbevölkerung und die Sklaven auf den Latifundien, den großen Agrarbetrieben, zur Durchsetzung seiner machtpolitischen Ziele zu mobilisieren (wie Catilina, vgl. im Text Abschnitt 44,5), konnte dies schnell außer Kontrolle geraten und zu einer ernsten Bedrohung für den Staat werden, wie der Bundesgenossenkrieg und der erst wenige Jahre zurückliegende Krieg gegen die Revoltierenden um den Sklaven Spartacus zeigen. Dies war wohl tatsächlich die größte Gefahr, die von Catilinas Putschversuch ausging.

Jedenfalls ist die Schwarz-Weiß-Malerei (vor allem einer marxistisch inspirierten Geschichtswissenschaft) völlig abwegig: Die vielfältigen innenpolitischen Konflikte der letzten hundert Jahre der römischen Republik lassen sich *nicht* mit einem Klassenkampf zwischen einer reichen, ausbeuterischen und einer armen, rechtlosen, ausgebeuteten Schicht erklären.[1] Vielmehr handelte es sich um einen Machtkampf innerhalb der Oberschicht, bei dem die einen (die Optimaten) das konstitutionelle Instrument der Senatsautorität für ihre Interessen benutzten (so am Ende vor allem Pompeius) und die anderen (die Popularen, Crassus und Caesar) die Volksversammlung und die Volkstribunen. Dabei sind die vielfältigen Beziehungen (*amicitiae*) der Akteure untereinander noch gar nicht berücksichtigt. Vor diesem Hintergrund dürften Initiativen, die eine Neuverteilung von Ackerland oder dergleichen anstrebten, weniger von der ehrenwerten Absicht bestimmt gewesen sein, die

1 Schmal ^{3}2014, S. 51–54.

Armut und Unruhe in der Bevölkerung zu lindern, als vielmehr von dem Ziel, die Volksversammlung zur Übertragung außergewöhnlicher Machtbefugnisse auf die popularen Politiker zu bewegen.

Der eigentliche Protagonist einer solchen popularen Politik seit Mitte der 60er Jahre v. Chr. in Rom war Crassus und zunehmend auch Caesar. Und in diesen Jahren sind die Ereignisse angesiedelt, die Sallust in seinem Werk *De coniuratione Catilinae* behandelt. Für das Jahr 66/65 v. Chr. nennt er eine erste Verschwörung (s. im Text Kapitel 24), wie auch Cicero (*Pro L. Murena* 67; s. dazu auch S. 166 f.). Doch wenn es diese erste Verschwörung überhaupt gegeben hat, dann spielte Catilina darin nur eine Nebenrolle. Im Jahr 64 v. Chr. dann bewarb sich Catilina um das Konsulat für das Folgejahr. Cicero ebenso. Und dieser fand bei der Wahl nur deshalb genug Unterstützung für seine Bewerbung, weil der Senat mit Catilina und Antonius Hybrida nicht zwei »Kreaturen« des Crassus gleichzeitig im Amt haben wollte. Catilina also unterlag, doch nach dieser Wahlniederlage plante er sicher noch keinen Putsch, wie von Sallust behauptet, da er sich der Protektion des Crassus (und Caesars) nach wie vor sicher sein konnte.

Aber als Catilina im Jahr 63 v. Chr. erneut bei den Wahlen ohne Erfolg blieb, entzogen ihm Crassus und Caesar die Protektion und suchten in der Folge den Schulterschluss mit Pompeius (was 60 v. Chr. zum ersten Triumvirat führte). Auf sich allein gestellt und durch die zwei erfolglosen Wahlkampagnen finanziell am Ende, entschloss sich Catilina zum Putsch. Er und seine Komplizen waren nun nicht mehr als ein Haufen Hasardeure, »die zu blankem Verbrechertum abgesunken waren«, »sie überschätzten ihre Kräf-

te, und ihr Gegner Cicero überschätzte ihre Gefährlichkeit«.[2] Doch letztlich wurden die Umsturzpläne entdeckt, ehe sie umgesetzt werden konnten.

Nicht nur Sallust arbeitete die Ereignisse auf: Cicero publizierte die Reden, die er gegen Catilina gehalten hatte, und kam immer wieder darauf zu sprechen, dass es ihm gelungen war, die Verschwörung aufzudecken und den Staat somit zu retten. Doch, so die Bewertung Manfred Fuhrmanns: »Beides zusammen, die Gunst der Überlieferung und Ciceros egozentrische Optik, hat dem Catilina-Putsch bei der Nachwelt zu einer Zelebrität verholfen, die ihm eigentlich nicht zukommt.« Seine Niederschlagung war »kaum mehr als eine mit ungewöhnlichem Geschick und einigem Glück ausgeführte Polizeiaktion«.[3]

II. Literaturgeschichtliche Einordnung von Sallusts Monographie

1. Sallusts Stellung in der antiken Geschichtsschreibung

In Sallusts historischem Œuvre fließen verschiedene Traditionslinien antiker Geschichtsschreibung zusammen. Das bedeutet freilich nicht, dass Sallust ein Epigone oder Eklektiker gewesen wäre. Vielmehr setzte er deutlich erkennbare eigene Schwerpunkte und entwickelte einen ganz charak-

2 Fuhrmann 2005, S. 99.

3 Fuhrmann 2005, S. 99. Für eine Übersicht über die Ereignisse s. Fuhrmann 2005, S. 92–100; Christ [2]1984, S. 262–267.

teristischen Stil, der wiederum maßgeblich für spätere Historiker wurde.[4]

Die Darstellungsform der Monographie über historische Einzelereignisse oder Einzelpersönlichkeiten findet sich in der griechischen Literatur mindestens seit Xenophon (um 430 – um 354 v. Chr.), in der lateinischen seit Coelius Antipater (um 180 – um 120 v. Chr.) und Cato d. Ä. (234–149 v. Chr.). Der Sprachstil Catos wie auch der moralisierende Anspruch des »urrömischen« Wertesystems bei ihm hatten starken Einfluss auf Sallust.

Die Auffassung, dass geschichtlich wirksame politische Gestaltungskräfte – konkrete Individuen und Gruppen einerseits und die abstrakte Grunddisposition des Menschen andererseits (Egoismus und Machtgier als Triebfedern menschlichen Handelns) – die Ereignisgeschichte bestimmen, teilt Sallust mit dem griechischen Geschichtsschreiber Thukydides (vor 454 – um 399 v. Chr.), der für ihn in vielerlei erzähltechnischen Kunstgriffen ein Vorbild war: so mit seiner Archäologie (Thukydides 1,2–19; bei Sallust Kapitel 6–13), mit seiner Pathologie des Gemeinwesens (Thukydides 3,82–83,1; bei Sallust die Abschnitte 36,4–39,5) und besonders prominent mit seinem Redewettstreit (Thukydides 3,37–48; bei Sallust die Kapitel 51–52). Auch das angeblich wörtliche Zitieren von Briefen und Reden findet sich bereits bei dem griechischen Historiker (Briefe: Thukydides 1,128–138; bei Sallust die Kapitel 33–35; Rede: Thukydides 2,35–46; bei Sallust die Kapitel 20–21).

Andere darstellerische Elemente sind schon vor Sallust

4 Vgl. den überaus gelungenen, knappen Überblick bei Schmal [3]2014, S. 140–153.

geradezu Topoi: So war es mindestens seit Hekataios von Milet (zweite Hälfte 6. Jahrhundert / Anfang 5. Jahrhundert v. Chr.) üblich, historische Schriften mit einer allgemeinen, geschichtsphilosophischen Betrachtung einzuleiten.[5] Und der autobiographisch erscheinende Bericht von der Abkehr von einem Dasein als Politiker hin zu einer Tätigkeit als Schriftsteller findet sich recht ähnlich in Platons siebtem Brief. Die klischeebeladene Charakterisierung Catilinas (in Kapitel 5) schließlich steht ganz in der Tradition antiker Rhetorik, die nicht nur lehrte, wie eine Lobrede (*laudatio*) auszusehen hat, sondern auch ihr Gegenteil (die Invektive).

2. *Anspruch und Zweck von Sallusts Monographie*

Gaius Sallustius Crispus, wohl 86 v. Chr. in Amiternum im Sabinerland geboren, ging wie viele andere junge Männer aus dem reichen Landadel nach Rom, um dort nach einer erstklassigen Ausbildung in der Politik Karriere zu machen. Tatsächlich durchlief er die ersten Stationen des *cursus honorum* und gehörte zu den Handlangern Caesars. Im Jahr 50 v. Chr. entzogen ihm Caesars Gegner genau deswegen seinen Senatorenstatus. Sallust begab sich daraufhin zu Caesar nach Gallien und führte im Bürgerkrieg einige militärische Kommandoaktionen für ihn aus. Caesar machte ihn zum Statthalter der Provinz Africa, wo er sich maßlos bereicherte. Ende 45 oder Anfang 44 v. Chr. kehrte Sallust nach Rom zurück, entging dem Prozess wegen Ausplünderung seiner Provinz wohl wiederum nur durch persönliche

5 Schmal [3]2014, S. 110–112.

Protektion Caesars und zog sich nun vollkommen aus der Politik zurück – gerade noch rechtzeitig vor der Ermordung Caesars an den Iden des März. Anschließend widmete er sich auf den Besitzungen, die er sich mit seiner afrikanischen Beute erworben hatte, seinen historisch-literarischen Interessen. Vermutlich 35 oder 34 v. Chr. starb er.

Erhalten sind neben der Monographie über die Catilinarische Verschwörung seine Darstellung des Krieges gegen den Numiderkönig Iugurtha sowie einige Fragmente seiner *Historiae*, in denen er die Jahre 78–67 v. Chr. behandelte.

In seinen Schriften äußert Sallust eine politische Geisteshaltung, die sich schwer mit dem vereinbaren lässt, was wir über seine politischen Aktivitäten wissen.[6] Seine von Cato übernommene Kritik am angeblichen Sittenverfall in der Gesellschaft ist zudem ahistorisch und kontrafaktisch. Von einer Dekadenz der politischen Sitten bzw. der Schlagkraft des römischen Staates seit dem Sieg über Hannibal (202 v. Chr.) bzw. Karthago (146 v. Chr.) kann überhaupt nicht die Rede sein, wie schon allein ein Blick auf die territoriale Entwicklung des Imperiums seit dieser Zeit deutlich zeigt. Dass durch die Expansion enorme Ressourcen für den römischen Staat und seine führende Schicht erschlossen wurden und infolgedessen der Reichtum und Luxus dieser Oberschicht förmlich explodierte, ist hingegen völlig zutreffend. Beispielhaft mögen dafür Sulla, der für seinen Luxus noch heute sprichwörtliche Lucullus oder der von Cicero angeklagte Verres, aber auch Sallust selbst sein.

6 Vgl. Sonnabend 2002, S. 100. Eine differenzierte Bewertung von Sallusts Haltung zur Moral in der Politik bietet Baier 2020.

Überhaupt erlaubt sich Sallust Verstöße gegen die Chronologie zugunsten dramatisierender Erzähllinien und zur Schaffung größerer sinnvoller Einheiten.[7] Der Leser hat mitunter Mühe, Sallusts Sprüngen in Zeit und Raum zu folgen. Die Rekonstruktion des korrekten historischen Ablaufs der Ereignisse allein mithilfe von Sallusts Darstellung ist kaum möglich. Nicht wenige Forscher versuchten ihm diese Erzählweise daher als unverzeihliche Schwäche auszulegen und seine Qualität als Historiker in Zweifel zu ziehen.[8] Sallusts Umgang mit der Chronologie kann man vielleicht besser verstehen, wenn man sich in Erinnerung ruft, was Thukydides in seinem berühmten Methodenkapitel (1,22) über die Behandlung von Reden gesagt hat: Sie werden nicht exakt so, wie es war, wiedergegeben, sondern so, wie es hätte sein können/müssen. So kann auch Sallusts Anspruch auf Objektivität (Neutralität, Wahrhaftigkeit, Richtigkeit, Aufrichtigkeit) in seinem »Methodenkapitel« (*quam verissume potero* in 4,3) verteidigt werden.

Die gesamte Vorgeschichte der Verschwörung und Catilinas Rolle darin sind ein Konstrukt Sallusts, um die Darstellung der Ereignisse von 63 v. Chr. an die Erzählung vom Sittenverfall anzuschließen und zu motivieren.[9]

Es ist nämlich höchst unwahrscheinlich, dass Catilina schon vor der Wahlniederlage im Jahr 63 einen Putsch plante, wie Sallust wiederholt behauptet (5,6: *hunc … lubido maxuma invaserat rei publicae capiundae*). Zwar hat er in

7 Flach ³1998, S. 111; vgl. die stattliche, 380 Seiten umfassende Synopse der Quellen über die Catilinarische Verschwörung von Drexler 1976.

8 Belege hierfür bei Schmal ³2014, S. 33 f. mit Anm. 7 und 8.

9 Flach ³1998, S. 121–126.

Cicero hierfür einen prominenten Gewährsmann, doch bauschte dieser aus gutem Grund Catilinas Gefährlichkeit auf, musste er doch die Rückendeckung von Senat und Volk für sich gewinnen. Dafür erhielt er die Ehrungen als *pater patriae* sowie eine *supplicatio* (ein Dankfest).

Sallust konnte jedenfalls gestützt auf Ciceros Autorität Catilina als Berufsrevolutionär hinstellen, der seit seiner Jugend nichts anderes im Sinn hatte, als die gesamte Macht im Staat an sich zu reißen. Für Sallust und seine Leser war diese Idee realistisch, denn sie hatten ihre Verwirklichung durch Caesar ja erlebt. Catilina traut man damit aber eindeutig zu viel politischen Weitblick zu. Übrigens lenkt Sallust mit der Schaffung dieser Catilina-Figur gleichzeitig von der Verantwortung Caesars für das Ende der Republik ab. Caesar bleibt überall dort, wo er in der Verschwörung eine Rolle spielte (nämlich in der Vorgeschichte), unerwähnt (oder er spielt nur eine gemäßigte Rolle).

Catilinas Charakter entwickelt sich nicht durch bestimmte Ereignisse oder Erlebnisse vom Guten zum Bösen, sondern er ist von Anfang an und von Grund auf böse. Im Verlauf der Handlung entfalten sich lediglich negative Charakterzüge, die zunächst noch verborgen waren.[10] So finden sich in Sallusts Monographien also zahlreiche Charakterstudien (neben der Catilinas solche von Sempronia, Caesar, Cato, bemerkenswerterweise aber keine von Cicero), nicht historisch-chronologische Biographien.[11]

Eine besonders prominente Rolle spielt in diesem Sinne das Rededuell zwischen Caesar und Cato (in den Kapiteln

10 von Albrecht [2]1998, S. 47 f.; Ramsey [2]2010, S. 16 f.
11 vgl. Sonnabend 2002, S. 101 f.

51–52). Wie die beiden Plädoyers von manchen Philologen als »beschämend« »in der Dürftigkeit ihrer sachlichen Substanz«[12] bewertet werden können, ist vollkommen unerklärlich. Dass Sallust nicht den Anspruch erhob, als Chronist zu arbeiten, mag den Historiker enttäuschen, der das Werk als Quelle benutzen will. Wer die Monographie aber als ein souverän gestaltetes literarisches Werk liest, wird die zentrale Funktion des Redenpaars für die Darstellung und die Gesamtaussage schwerlich übersehen können.[13] Karl CHRIST vermutete, dass dieses mutmaßlich erste ernsthafte Aufeinandertreffen Caesars und Catos sogar der eigentliche Anlass für die Abfassung der Schrift gewesen sein könnte: »Diese Tatsache mußte rund zwanzig Jahre später den Zeitgenossen des Bürgerkriegs nach Caesars Ermordung in noch anderem Lichte erscheinen als den Zeitgenossen der Verschwörung Catilinas.«[14] Der Raum, den die beiden Reden und die Synkrisis in Sallusts Darstellung einnehmen, sowie deren Platzierung als Höhepunkt der Handlung sprechen eindeutig für diese These.

12 Kunkel 1969, S. 6 (zit. nach Flach [3]1998, S. 113 Anm. 33). Ohnehin sollten ästhetisierende Urteile ihren Platz allenfalls im Feuilleton haben, nicht aber in der Fachliteratur.

13 Eine Übersicht über die ältere Literatur zur Einordnung des Redenpaares und der Synkrisis: Drexler 1976, S. 183–192.

14 Christ [2]1984, S. 265.

3. Gliederung, Gedankengang[15]

Sallust überträgt das rhetorische Stilmittel der Variatio auf seine gesamte Darstellungsweise: Auf eine philosophische Erörterung folgt ein Exkurs, erst dann beginnt die eigentliche Erzählung der historischen Ereignisse. Diese wird sogleich von einer Rückblende unterbrochen. Es schließen sich im Wechsel Charakterzeichnungen, direkt oder indirekt zitierte Reden und Briefe, ein weiterer Exkurs sowie Sprünge zwischen den verschiedenen Schauplätzen an. Das Werk kulminiert im Showdown zwischen Caesar und Cato und endet mit einer klassischen Schlachtenszene. Sallusts ›dramaturgische Bestrebungen‹ dienen dem Abwechslungsreichtum, dem Spannungsaufbau sowie dem Zweck, ein ›dichtes Motivationsgefüge‹ zu erzeugen. Es ist durchaus aufschlussreich, in dem Text die Bauformen einer Tragödie zu suchen.[16]

Sallust wollte kein trockener Chronist der Ereignisse

15 Grundsätzlich: McGushin 1977, S. 9–13 (zum Aufbau) und S. 23–24 (zur literarischen Qualität); Ramsey ²2010, S. 15–23; Schmal ³2014, S. 31–47 (Letzterem sind die Formulierungen in einfachen Anführungszeichen entlehnt).

16 Beispielsweise: Prolog (1,1–4,2); Exposition (4,3–16); Desis, steigende Handlung (17–39,5); Peripetie (39,6–47); Lysis, Retardierung (48–55); Katastrophe (56–61). Wie in der klassischen griechischen Tragödie entwickelt sich Catilinas Sturz konsequent aus seinen hervorragendsten Eigenschaften. Die aristotelische Einheit von Zeit, Raum und Handlung ist freilich nicht beachtet. Vgl. insgesamt zum Aufbau und zu den Ähnlichkeiten zum Drama: Reitzenstein 1906, S. 86; Vretska 1937. Diese Beobachtung sollte jedoch nicht zu dem Missverständnis führen, Sallust habe eine Tragödie in Prosa schreiben wollen.

sein, sondern souveräner Gestalter eines (negativen) Exempels zwecks höherer Einsicht in geschichtliche Zusammenhänge.[17]

Die eingeschalteten Maßnahmen zur Erzielung der *variatio* sind in der folgenden Übersicht unterstrichen.

Einleitung

1,1–4,2	philosophische Erörterung: *gloria* als Mittel zum Fortleben über den Tod hinaus, Gegensatz *corpus – animus*, Dekadenzthese, *virtus*, Geschichtsschreibung als Taten und die Erinnerung an Taten
4,3–4,5	Nennung und Begründung des Themas: Catilina
5,1–5,8	Charakterzeichnung Catilina

Erster großer Exkurs: römische »Archäologie«

5,9	Überleitung
6–9	die Frühzeit: Tapferkeit, Tatkraft, Ruhm der *maiores*
10–13	»Peripetie«, Wandel der Werte nach dem Ende der äußeren Bedrohung Roms, der Einfluss des reichen Orients verschärft die Dekadenz

17 Sallusts eigener Anspruch an die Geschichtsschreibung: *Bene dicere haud absurdum est … qui facta aliorum scripsere, multi laudantur … facta dictis exequenda sunt* (3,1–2).

Die Verschwörung

14–16 Catilina und seine Anhänger

17–22 Treffen der Verschwörer (ca. Juni 64 v. Chr.)

- 18–19 Rückblende: Die angeblich »erste Catilinarische« Verschwörung 66/65 v. Chr.
- 20–21 Catilinas Rede (20: direkte Rede, 21: Referat)

23 Curius und Fulvia als Verräter sorgen für einen Stimmungsumschwung.

24 erste Wahlniederlage 64 v. Chr., angebliche Putschpläne im zweiten Halbjahr 64 v. Chr.

25 Exkurs: Charakterzeichnung Sempronia

26 zweite Wahlniederlage 63 v. Chr.

27 Vorbereitungen zum Aufstand in Italien (zwischen Juli und Oktober)

28 misslungener Attentatsversuch auf Cicero (tatsächlich erst am 7. November), Beginn des Aufstands in Etrurien (27. Oktober)

29–30 Senatssitzung, *senatus consultum ultimum* (tatsächlich bereits am 21. Oktober)

31 Stimmungsumschwung in der Stadt; Senatssitzung mit direkter Konfrontation von Cicero und Catilina (7. oder 8. November)

32 Catilinas Abreise aus Rom, Anweisungen an seine Anhänger in Rom (8./9. November)

33–35 Brief des Manlius an Marcius Rex (*huiusce modi*), Täuschungsbrief Catilinas an die führenden Politiker in Rom (indirekt zitiert), Brief Catilinas an Quintus Catulus (angeblich Kopie des Originals: *exemplum*)

36,1–3 Verteidigungsvorbereitungen in Rom; Catilina

und Manlius werden zu Staatsfeinden erklärt (Mitte November).

Zweiter großer Exkurs

36,4–39,5 »Pathologie« Roms

Die Allobroger

39,6–41 Anwerbung der Allobroger (zweite Novemberhälfte)
42 Wechsel des Schauplatzes: Unruhen außerhalb Roms (Ende November / Anfang Dezember)
43 Putschvorbereitungen in Rom
44 Verrat der Allobroger, Brief des Lentulus an Catilina (*exemplum*)
45 Verhaftung des Volturcius (2./3. Dezember)

Niederschlagung des Putschversuchs in Rom

46 Niederschlagung des Putschversuchs und Verhaftung der übrigen Verschwörer in Rom
47 Verhör des Volturcius im Senat (3. Dezember)
48,1–6 Stimmungsumschwung in der Bevölkerung
48,7–49 Versuch des Tarquinius, Crassus zu verleumden Versuch von Piso und Catulus, Caesar zu verleumden (4. Dezember)
50–54 Senatssitzung und Verurteilung der gefangen genommenen Verschwörer (5. Dezember)
51–52 Rededuell zwischen Caesar und Cato (*huiusce modi*)

53–54 Synkrisis zwischen Caesar und Cato
55 Hinrichtung der Verschwörer

Niederschlagung des Aufstands außerhalb Roms

56–57 Vorbereitungen zur Schlacht; Durchbruchsversuch Catilinas nach Gallien (ca. 29. Dezember)
58–61 Entscheidungsschlacht bei Pistoria (Anfang Januar 62 v. Chr.)
58 Rede Catilinas vor der Schlacht (*huiusce modi*)

4. *Sprache*

Über Sallusts Sprache und Stil wurden die wesentlichen Urteile schon in der Antike gefällt: Asinius Pollio tadelte, Sallusts Schriften seien überladen durch übergroße Verkünstelung mit altertümlichen Wörtern (so bei Sueton, *De viris illustribus* 10,3). Lenaeus warf Sallust vor, er habe seine altmodischen Wörter auf höchst ungebildete Weise bei Cato gestohlen (ebd. 15,2; vgl. Quintilian, *Institutio oratoria* 8,3,29). Sallusts Stil sei dunkel: seine *obscuritas* (Ateius Philologus bei Sueton, *De viris illustribus* 10,8; vgl. Quintilian, *Institutio oratoria* 10,2,17), seine Kürze und sein abgerissener Sprachstil dienten geradezu als abschreckendes Beispiel (ebd. 4,2,45; vgl. 10,1,32). Selbst Attizisten hielten seinen Stil für anstößig.[18]

Unzählige weitere Detailbeobachtungen trug die moderne Forschung zusammen und wies nach, dass Sallust

18 Flach ^{3}1998, S. 109, 112.

eine möglichst archaisierende Wirkung anstrebte. Dazu dienten ihm tatsächliche oder auch nur vermeintlich altertümliche Formen, eine an die Grenze der Verständlichkeit gehende Kürze einerseits (*brevitas*), Abwechslung andererseits (*variatio*), ein Streben nach Gewichtigkeit des Ausdrucks (*gravitas*) sowie Gräzismen.[19]

Die Nähe zum Stil Catos, die er damit zwangsläufig erreichte und die ihm ja auch vorgeworfen wurde, sollte wohl auch auf den Inhalt abfärben. Sallust wollte sich folglich durch seinen archaisierenden Stil als Vertreter altrömischer Tugenden ausweisen.[20]

Dadurch, dass er jede Geschmeidigkeit der Sprache vermied, erreichte Sallust aber auch eine stärkere Auseinandersetzung mit dem Inhalt. Denn gerade in den politischen Krisen, die er beschrieb und in der er schrieb, verloren die Worte ihren eigentlichen Sinn und mussten ihn erst durch den ungewohnten Gebrauch wieder zurückerhalten (vgl. im Text Abschnitt 52,11 und Thukydides 3,82,4).[21]

5. *Rezeption*

Trotz der bereits antiken Kritik wurde Sallust zum stilbildenden Ideal für die lateinische Historiographie, sowohl was Sprache und Stil als auch was sein Geschichtsbild angeht.[22]

19 Einen guten, knappen Überblick bieten McGushin 1977, S. 13–21 und Schmal ³2014, S. 128–137.

20 Vgl. Schmal ³2014, S. 139.

21 Vgl. ebd.

22 Martial 14,191,1; Quintilian, *Institutio oratoria* 10,1,101. Vgl. zu diesem Abschnitt Schmal ³2014, S. 154–167 und Maes 2016.

Livius, Velleius Paterculus und vor allem Tacitus zeigen sich in einem oder mehreren dieser Aspekte als Nachfolger. Bei Tacitus geht dieser Einfluss bis in die Gestaltung einzelner Szenen (vgl. z. B. Sempronia bei Sallust in Kapitel 25 und Poppaea Sabina in Tacitus, *Annales* 13,45), vor allem teilen sie aber die sperrige Sprache und das negative Dekadenzmodell (Livius 34,4; Tacitus, *Annales* 3,54 und *Historiae* 2,38). Mit dieser Haltung eignete sich Sallust als Gewährsmann für alle christlichen Apologeten. Durch sie war er auch als Vorbild für mittelalterliche Historiker legitimiert und gehörte seit dem Renaissance-Humanismus zu den ersten antiken Schriftstellern, von deren Werken Ausgaben gedruckt wurden (bis 1500 bereits 71 Editionen). Catilina wurde in politischen Auseinandersetzungen von dieser Zeit an je nach politischer Stimmungslage entweder als Idol oder als Feindbild instrumentalisiert, mal als Revolutionär (im Widerspruch zu Sallust), mal (mit Sallust) als Inbegriff des Bösen, oft als Kommentar zu zeitgenössischen Ereignissen aus der Zeit des jeweiligen Autors.[23] Selbst noch im 20. Jahrhundert versuchten marxistische Altertumswissenschaftler, Catilina zu einem »Protagonisten des Klassenkampfs«[24] zu machen.

23 Berühmte Namen sind Boccaccio, Ben Jonson, John Milton, Voltaire, Antonio Salieri, Henrik Ibsen, Alexandr Blok und Bertolt Brecht bis hin zu John Maddox Roberts und Robert Harris. Natürlich wurden neben Sallusts Monographie auch Ciceros Reden und Plutarchs Biographie verwendet. Vgl. von Albrecht ²1998, S. 38–57 und Maes 2016.

24 Schmal ³2014, S. 178.

Inhalt